/新/时/代/纪/检/监/察/学/研/究/

纪检监察学研究三题

詹复亮 ◎ 著

中国方正出版社

目　　录

◉ 纪检监察学科体系

一、纪检监察学内涵要素分析 …………………（4）

二、科学界定纪检监察学的研究对象 ……（13）

三、着力推动纪检监察学科体系建构 ……（22）

◉ 纪检监察学范畴

一、纪检监察学范畴要素分析 ………………（42）

二、关于纪检监察与纪检监察权范畴的结构性透析 ……………………………………（51）

三、关于纪检监察的价值范畴与关联范畴 ………………………………………（78）

◉ 纪检监察学纪法原理

一、纪检监察学纪法原理内涵
结构分析 …………………………（98）
二、关于纪检监察学纪法关系 ……………（105）
三、关于纪法认识、纪法思维和纪法
认定的哲理基础及其内涵特征 ………（129）
四、关于纪检监察职责权能及其
实践运用 …………………………（142）

◉ 附录

1. 适应新形势开辟纪检监察
理论研究新境界…………………………（151）
2. 以纪法思维推进纪检监察工作
规范化法治化正规化……………………（164）

纪检监察学科体系

纪检监察学属于我国社会科学学科体系范畴，业已成为法学门类下一级学科。当前，加强研究纪检监察学内涵要素，把握纪检监察学的研究对象，推动纪检监察学科体系建设，形成学术化、学理化、学科化的纪检监察学科体系，对于丰富和发展中国特色哲学社会科学学科体系，更好适应坚定不移全面从严治党、深入推进新时代党的建设新的伟大工程新形势新任务等具有重要意义。

党的二十大报告强调，加快构建中国特色哲学社会科学学科体系、学术体系、话语体系[①]。纪检监察学属于我国社会科学学科体系范畴，业已成为法学门类下一级学科。当前，加强研究纪检监察学内涵要素，把握纪检监察学的研究对象，推动纪检监察学科体系建设，形成学术化、学理化、学科化的纪检监察学科体系，对于丰富和发展中国特色哲学社会科学学科体系，更好适应坚定不移全面从严治党、深入推进新时代党的建设新的伟大工程新形势新任务等具有重要意义。

---

① 习近平：《高举中国特色社会主义伟大旗帜　为全面建设社会主义现代化国家而团结奋斗——在中国共产党第二十次全国代表大会上的报告》，载《人民日报》2022 年 10 月 26 日。

一、纪检监察学内涵要素分析

习近平总书记强调，我国哲学社会科学应该以我们正在做的事情为中心，提炼出有学理性的新理论，概括出有规律性的新实践[①]。要善于提炼标识性概念，打造易于为国际社会所理解和接受的新概念、新范畴、新表述，引导国际学术界展开研究和讨论[②]。二十届中央纪委二次全会提出要求，深化纪检监察基础理论研究，不断提高依规依纪依法履职能力，练就善于斗争的硬脊梁、铁肩膀、真本事[③]。历史和实践表明，纪检监察学与党的自我革命、党和国家监督、党风廉政建设和反腐败斗争等有着密切的联系，是中国共产党成立以来纪检监察

---

① 《习近平谈治国理政》（第二卷），外文出版社2017年版，第344页。

② 《习近平在哲学社会科学工作座谈会上的讲话》，载《人民日报》2016年5月19日，第2版。

③ 李希：《深入学习贯彻党的二十大精神　在新征程上坚定不移推进全面从严治党——在中国共产党第二十届中央纪律检查委员会第二次全体会议上的工作报告》，载《人民日报》2023年2月24日。

工作长期实践经验的条理化系统化，是新时代全面从严治党、党风廉政建设和反腐败斗争的战略性成果体现。研究推动纪检监察学科体系建构，应当关注以下环节和要素。

（一）把握纪检监察学研究面临的新形势和必须遵循的指导思想及原则要求

纪检监察工作是党和国家工作的重要组成部分。纪检监察机关作为党进行伟大自我革命的重要力量，在管党治党、治国理政伟大斗争实践中发挥着重要作用。尤其是随着纪检监察体制改革不断深化，监督执纪执法面临许多新情况新问题，迫切需要在理论上作出回答。

加强纪检监察学研究，是不断提高纪检监察机关依规依纪依法履职能力、推动纪检监察工作发挥监督功能、把制度优势转化为治理效能需要完成的一项重要基础性工作，必须坚持以习近平新时代中国特色社会主义思想为根本遵循，以新时代纪检监察工作实践为中心，围绕确保党长期执政和国家长治久安、坚持依规治党和依法治国有机统一、坚持和完善党和国家监督体系、推进国家治理体系和治理能力现代化、实现中国式现代化等重大战略部署，精准把握建构中国特色社会主义纪检监察理论体系的着力点、着重点，加强对以习近平同志为核心的党中央治国理政新理念新思想新战略的研究阐释，提炼出纪检监察领域有学理性的新理论，概括出纪检监察领域有规律性的新实践，推动建构学术化、学理化、学科化的纪检监察学术体系和话语体系，指导推进纪检监察工作规范化、法治化、正规化，确保新时代纪检监察工作在贯彻落实党的理论和路线方针政策上站得住，在坚持实事求是的思想路线和基本原则上站得住，在经受实践检验、人民检验和历史检验上站得住。

（二）把握纪检监察学的基本内涵

纪检监察学作为一门独立的学科，通常应具备以下内涵要素：一是研究对象、研究领域或研究范畴要特定；二是知识理论体系要系统完备；三是要有标志性的纪检监察学理论成果。从基本含义讲，所谓纪检监察学是指研究党和国家监督体系、党风廉政建设和反腐败的理论、制度和实践的综合性学科。由于从理论和逻辑上讲，党和国家监督体系、党风廉政建设和反腐败是纪检监察工作的根本内容以及纪检监察现象的基本内核，所以简言之，纪检监察学就是研究纪检监察现象及其规律的一门学问，研究诸如纪检与监察融合贯通、一体发力的制度体系及其运行规律等。

理解和把握纪检监察学的内涵可从以下层面进行：

第一，纪检监察学是关于纪检监察工作的基础性理论，来源于运用纪检监察措施方法进行治党、管权、治吏的斗争实践，是管党治党和治国理政的基础性、规律性、实践性知识体系，属于社会科学范畴。

第二，纪检监察学以纪检监察现象及其规律为研究对象，与马克思主义理论、政治学、法学、中共党史党建学等有着密切的联系，具有交叉学科特性。

第三，纪检监察学以大量纪检监察实践为样本基础和经验支撑，是积极有效发挥坚持和完善党和国家监督体系、以高质量监督推进国家治理体系和治理能力现代化、服务保障中国式现代化建设等纪检监察机关专责监督职能的理论依据，其科学性、实践性乃至理论生命力由纪检监察工作实践及历史所检验。

（三）把握纪检监察学的性质、特征和学科地位

纪检监察理论体系建构乃至纪检监察学作为独立学科的建设和发展，在很大程度上取决于纪检监察学的性质和学科地位。

1. 对于纪检监察学的性质，可从以下层面理解和把握：

第一，纪检监察学是一门年轻的学科。纪检监察学研究起步较晚。纪检监察实践虽然取得丰硕成

果，但是纪检监察学科体系尚未定型乃至阙如，是为年轻学科的标志。

第二，纪检监察学是一门古老的学科。纪检监察理论的核心基石是监督，与中国古代传统的权力监督及其机制和监督文化具有渊源关系。从我国历史上看，在秦汉时期，监察制度已臻完善，并且监察制度与五千年中华文明紧密相连，是为古老学科的深厚历史底蕴。

第三，纪检监察学是一门新兴的学科。新兴，意味着加强纪检监察学研究的时代所需。随着纪检监察体制改革深入推进，建构新时代纪检监察学科体系之任务日益紧要，尤其是面对改革后监督执纪执法工作中出现的大量新情况新问题，迫切需要从理论上作出回答。增强纪检监察学科建构的使命感紧迫感，解决纪检监察学科建设滞后等问题，提到了重要议事日程。

第四，纪检监察学是一门综合性社会学科。纪检监察职责权能由党章和其他党内法规、国家宪法法律所赋予，并深度融入国家治理领域。加强纪检监察学研究和纪检监察学科体系建设，离不开马克思主义理论、政治学、法学、中共党史党建学乃至经济、社会、历史、文化等宽广领域的社会科学理论元素滋养，这充分凸显纪检监察学的综合特性。

2. 纪检监察学的特征，突出体现在以下几个方面：

第一，凸显中国特色社会主义民主政治特质。中国共产党成立一百多年来，始终把为中国人民谋幸福、为中华民族谋复兴作为自己的初心使命，以党的自我革命不断推动党领导的伟大社会革命，从理论和实践上解答党和国家自我监督的世界性难题和国家治理的哥德巴赫猜想。纪检监察学集党的纪律检查理论和国家监察理论于一体，既研究政党政治的特性及政治运行规律，又研究国家政权的政治特性及权力运行规律，体现鲜明的中国特色社会主义民主政治特性和规律。

第二，凸显中国制度之治的独特性。党的纪律检查对于党的建设而言，属于党内监督领域；国家监察对于国家政权建设而言，属于国家监督范畴。二者所体现的性质、对象和职责使命具有叠加性，通过纪检监察体制改革实现了融合贯通、一体发力。纪检监察学研究的核心范畴，是纪检与监察融合发力的制度体系及运行规律，内在地蕴含党的制度和国家制度的有机统一。

第三，凸显新时代特色。党的十八大以来，中国特色社会主义进入新时代。纪检监察学以党内法规体系、党和国家监督体系及其运行等作为研究着力点、着重点，研究范围涉及中国特色社会主义道路、理论、制度、文化等诸要素，内在蕴含着党长期执政条件下解决自身问题、跳出治乱兴衰历史周期率的自我革命成功道路以及行之有效的权力监督制度和执纪执法体系及其运行规律、中国特色社会主义法治体系建设及其运行规律，乃至新时代全面从严治党战略部署等理论逻辑、规律要素和实践元素，从而彰显纪检监察学的新时代特色。

3. 从纪检监察学的学科地位讲，应当把握以下要素：

第一，学科定位。纪检监察学研究涉及马克思主义理论、政治学、法学、中共党史党建学等社会科学理论、原理、方法，主要研究如何科学有效发挥纪检监察职能，促进高质量监督、提升纪检监察效能、把制度优势转化为治理效能等问题，揭示隶属于社会科学范畴的纪检监察监督规律，因此把纪检监察学归属于社会科学是必要的也是合理的。

第二，研究内容和当下要务。从目前看，纪检监察以及纪检监察学的概念、内涵、范畴等相关理论研究起步较晚，完整而成熟的纪检监察学科体系尚付阙如。当务之急是加强研究纪检监察理论体系的总体框架以及相应框架性内容，营造并活跃纪检监察学研究氛围，推动纪检监察学研究。

第三，邻近属概念。纪检监察是人类社会的一种特殊社会现象，研究纪检监察现象的学问并非一般的社会科学，往往涉及政党制度、政党政治、政党执政、政党建设以及国家政权、国家建设、国家秩序、国家治理等诸多学科要素。对于纪检监察学应当采用人文科学和社会科学在内的广义社会科学方法进行界定，全面建构并科学运用与纪检监察学最紧密关联的邻近属概念，包括马克思主义理论、政治学、法学、中共党史党建学乃至经济学、社会学、心理学、历史学等概念、理论、原理及其运行体系。

二、科学界定纪检监察学的研究对象

任何一门学科，都有其特定的研究对象。纪检监察学的研究对象，是建构纪检监察学科体系的基点和支撑，规定并制约纪检监察学科体系建设的范畴、领域边界及其内在规律。对于纪检监察学研究对象的分析界定，应当重点关注以下环节和方面：

（一）把握纪检监察学研究对象的基本含义

所谓研究对象，是指一个学科所特有的研究领域和范围，是一学科区别于其他学科的前提和基础。理论和实践表明，纪检监察学的研究对象必须是独特的，具有特定性，否则就不能成为一门独立的学科。按照马克思主义学科建设的逻辑理路，界定纪检监察学的研究对象，要把概括性原则和独特性原则有机统一起来，既体现理论上的高度概括性，又体现研究领域和范围的独特性。

从本质内涵讲，纪检监察学的研究对象可以界定为纪检监察现象及其规律，并以党和国家监督体系、党风廉政建设和反腐败为内核要素。所谓纪检监察现象，是指所有与纪检监察本质特征相联系的纪检监察活动，在发生、发展、变化过程中所表现的外在联系和客观形式的总称。

从外延及功能层面分析，纪检监察现象是社会现象的一种特殊形态，其外在表现为纪检监察活动、纪检监察制度、纪检监察理论等的集成或集群，但并非纪检监察活动、纪检监察制度、纪检监察理论等的简单之和。

（二）加强对纪检监察学研究对象的关联性分析

从当前看，关于纪检监察学研究对象的界定，尚有不同认识。归纳起来，大体有纪检监察理论、纪检监察制度、纪检监察实践、纪检监察活动、纪检监察工作、纪检监察规律、纪检监察现象等选项及相关组合。比如，纪检监察制度和纪检监察活动；纪检监察制度和纪检监察活动及其规律；纪检监察的制度、实践和理论；等等。

从关联性层面分析，目前纪检监察学研究中提出的相关观点，既有互为包含又有相互交叉之处。比如，纪检监察制度和纪检监察活动存在包含关系，因为纪检监察活动属于纪检监察制度，反映纪检监察制度运行的具体情形；纪检监察工作、纪检监察制度、纪检监察理论和纪检监察规律存在包含关系，因为纪检监察规律反映纪检监察工作、纪检监察制度以及纪检监察理论产生和发展固有的、本质的、必然的内在联系。再比如，纪检监察工作和纪检监察活动、纪检监察实践存在交叉关系，因为它们之间在内涵上基本趋同，只是阐述的角度不同而已，都反映纪检监察制度实际运行的具体情形；等等。

从性质和内涵讲，纪检监察现象涵盖了纪检监察理论、纪检监察制度、纪检监察实践、纪检监察活动、纪检监察工作、纪检监察规律等诸要素。从逻辑关系讲，对纪检监察学研究对象的界定，应当具有全面性、包容性和开放性，并且在其内涵或外延上应当避免互为包含或相互交叉，否则就失去作为一门独立学科的本质性和独特性。

（三）夯实纪检监察学研究对象的学理性基础

纪检监察学，说到底就是关于纪检监察的学问。纪检监察不只是单独一项工作、一种活动、一个制度、一套理论，而是一个完整、有机的集合体，是纪检监察工作或者纪检监察活动、纪检监察制度乃至纪检监察理论等全要素的集合，这个集合的内核集中体现在纪检监察现象之中。从这一意义上讲，所谓纪检监察学就是一门以纪检监察现象及其规律为研究对象，对纪检监察现象加以理论抽象而形成一系列基本原理、方法和运行机制，并加以体系化、条理化的学问。

按照马克思主义哲学原理，纪检监察现象可以划分为纪检监察存在和纪检监察意识两个基本面，其中纪检监察存在是指纪检监察活动或者纪检监察工作实践的物质形态或者物化形态、物质现象，比如违规违纪和职务违法犯罪、监督执纪执法实践活动、党内政治生态、国家治理效能等；纪检监察意识是指纪检监察活动或者纪检监察工作实践的精神形态或者精神现象，比如反腐败斗争基本方针和战略目标、监督执纪“四种形态”乃至纪检监察文化等。纪检监察存在第一性，纪检监察意识第二性，前者决定后者，两者之间的顺序不能颠倒。

从理论和逻辑上讲，将纪检监察学的研究对象界定为纪检监察现象及其规律，主要基于对纪检监察现象共同本质、整体性、兼容性和时代性等诸要素的考量。

第一，纪检监察现象所包含的共同的本质特性，在于内在隐含着推动建构集中统一、权威高效的中国特色社会主义纪检监察体制，强化对权力及其运行的制约和监督，实现干部清正、政府清廉、政治清明，建设廉洁政治等终极目标或者价值元素。

第二，纪检监察现象是包含纪检监察活动、纪检监察制度、纪检监察理论、纪检监察规律和纪检监察文化等诸要素的一个有机集成体系。把纪检监察现象整体而非某单个要素作为纪检监察学研究对象，主要根据在于纪检监察现象中任何单个要素都不能反映其整体特质。

第三，纪检监察现象具有阶段性和多样性，由管党治党、治国理政伟大实践在各个阶段的不同职责使命所决定，体现纪检监察工作实践活动不同阶段的特有状态或者形式。

第四，纪检监察现象具有时代性，其核心内涵是纪检和监察融合发力的纪检监察制度及其建构和其科学有效的运行机制，发挥着新时代管党治党、治国理政的制度优势和治理效能。

第五，纪检监察现象属于历史范畴，是人类社会发展到一定历史阶段的产物，有其产生、形成和演绎、发展的自身规律，并且将随着管党治党、治国理政等形势发展而发展变化。

（四）强化纪检监察学研究的着力点、着重点

纪检监察学作为一门以纪检监察现象及其规律为研究对象的科学，应当对纪检监察现象进行全方位全要素研究。比如，既考察纪检监察现象的产生、形成和演绎、发展及其规律，又研究不同阶段的纪检监察现象及其特点和相互关系；既研究纪检监察现象的生成机制和内部联系，又研究纪检监察现象与其他社会现象的区别、联系及相互作用；既对纪检监察现象进行静态研究，又对其进行动态研究。归结起来，应当把握以下着力点、着重点：

第一，注重从与国家制度和治理体系的联系中研究纪检监察现象。纪检监察现象以纪检监察制度及其科学有效运行为基本内核。而纪检监察制度既是党和国家监督体系的重要组成部分，又是国家制度和治理体系不可或缺的一部分，与中国特色社会主义制度体系中其他制度相联系，并受这一制度体

系中相关制度的制约。开展纪检监察学研究，不能孤立地研究纪检监察现象，而应当把纪检监察现象置于国家治理领域的生动实践中，从与国家制度和治理体系的联系中进行研究。

第二，注重从规范体系及其建构和运行的深度来研究纪检监察现象。把着力点、着重点放在纪检监察现象及其制度规范体系所确立的关于纪检监察机关性质、任务、职责、职能、机构设置、职权配置、活动原则和保障机制等层面，回答纪检监察制度“是什么、为什么、怎么样”等理论和实践问题。一是“知其然”。解决纪检监察制度“是什么”的问题，明确在规范体系上应当包含哪些基本内容。二是“知其所以然”。解决纪检监察制度“为什么”的问题，从与国家制度体系的联系中科学分析纪检监察现象及其各项制度，纪检监察制度各个要素及其各项制度产生、设置的深层次原因和理论基础，并揭示纪检监察现象的产生、形成和演绎、发展规律。三是解决纪检监察制度“怎么样把制度优势转化为治理效能”的问题。明确纪检监察现象及其制度运行如何融合贯通、纪检监察如何高标准高质量监督、纪检监察工作如何高质量发展以及纪检监察制度如何改革、发展和完善等。归结而言，纪检监察学研究和回答纪检监察现象内含的中国特色社会主义纪检监察制度是什么、为什么设置、如何科学有效高质量运行、如何有效发挥专责监督的职能和作用、怎样发展和完善等理论和实践问题。

第三，注重从历史和现实的广度并运用纵横交错的分析方法来研究纪检监察现象。纵向上，研究历史上的、现行的和未来的纪检监察现象；横向上，研究世界各国监察乃至政党纪律检查等制度及其内在的必然联系和相互借鉴，尤其是中国智慧和中国方案的全球贡献。

第四，注重从系统观念和辩证思维等理性视角来研究纪检监察现象。比如，既研究静态的纪检监察制度体系所规范和反映的纪检监察现象，又研究动态的纪检监察制度运行等纪检监察现象的历史性变化形态；既研究实然性的业已存在的纪检监察现象和正在运行的纪检监察制度，又研究需要改革、发展和完善的应然性的纪检监察制度。

三、着力推动纪检监察学科体系建构

近年来，纪检监察学研究逐渐升温并向前推进。建构学术化、学理化、学科化的纪检监察学科体系，是纪检监察学科建设的一项重要内容，也是纪检监察理论建设发展到高级阶段乃至成熟阶段的重要标志，既是理论问题又是实践问题，应当重点关注以下环节和方面：

（一）准确理解纪检监察学科体系的内涵要义

所谓纪检监察学科体系，是指以纪检监察知识系统、科学分工、权能结构为基础的纪检监察学科设置、专业划分和课程体系的集合，属于社会科学范畴，具有意识形态和思想文化属性。准确理解和把握纪检监察学科体系的内涵特征，可从以下层面进行。首先，从性质上讲，纪检监察学科体系在整个社会科学体系中居于相对独立的学术地位。其次，从结构层面讲，纪检监察学科体系是由纪检监察学内部相互独立又相互联系的若干分支学科构成的纪检监察理论有机体或学科集群。再次，从功能层面讲，纪检监察学科体系以纪检监察学各分支学科为内核，但并非各分支学科的简单展开或细化、具体化。

需要进一步指出的是，研究纪检监察学科体系的建构，将涉及纪检监察学、纪检监察学科、纪检监察学科体系等容易混淆的概念内涵。其中，纪检监察学与纪检监察学科既有联系又有区别。两者的内涵在一定意义上是趋同的，但在分类学层面有所侧重：前者侧重于不同学问性质的学术分类；后者侧重于教学上的学科分类，并既可单指种，即狭义的纪检监察学，又可包含类，即与纪检监察学具有一定关联的学科归类，比如当下纪检监察学作为法学门类下一级学科，就是一个独立的纪检监察学科门类。

（二）深入研究纪检监察学科体系的建构要素和分支学科设置

从理论和逻辑上讲，研究纪检监察学科体系的建构要素，应当从研究纪检监察学的建构要素切入。纪检监察学作为一门独立的学科，通常包含两层含义：一是作为社会科学知识体系的科目和分支；二是作为教学、科研等功能单位。

从学科体系结构层面讲，纪检监察学科体系有其自身客观标准，与理论研究者的个性化、理论体系特色化等相比是有明显区别的。系统完备的纪检监察学科体系，应当具备三大要素：一是构成纪检监察学的学术体系各个分支；二是纪检监察理论研究领域生成的纪检监察专门知识；三是具有从事研究纪检监察理论的专门队伍和组织设施等。

从学科设置层面讲，纪检监察学作为一级学科内在地包含许多分支学科，这些分支学科便构成一个系统完备的纪检监察学科体系。当前，重点设置纪检监察理论、党的纪律学、监察法学、廉政学等纪检监察学二级学科。但从理论、逻辑尤其长远发展等要素考量，纪检监察学的分支学科可以进一步拓展。比如，纪检监察理学，包括纪理、法理在内的纪检监察制度基础理论和一般理论；比如，纪检监察史学，包括党的纪律检查制度、监察制度、纪检监察制度产生、发展的历史沿革、规律及经验启示；比如，比较纪检监察学，包括各国监察制度乃至一些国家的政党纪律检查制度，并从中探寻一般共同规律和特色规律等理论和实践问题；比如，专门纪检监察学，这是基于纪检监察职责权能不同的各种纪检监察活动所形成的分支学科，包括监督学、廉政学、纪律学、纪律检查学、监察学、监察法学乃至纪法思维学、监察调查学、纪检监察审理学、纪检监察文化学等；再比如，纪检监察管理学，包括纪检监察政策学、纪检监察组织学、纪检监察业务管理学、监察官管理学、纪检监察保障学等。

（三）正确分析建构纪检监察学科体系的逻辑起点

任何一门学科的理论体系建构，一般都从其逻辑起点的演绎开始。这个逻辑起点所包含的内在矛盾，推动整个学科体系建设向前运动。纪检监察学科体系以狭义上的纪检监察学为内核。研究建构纪检监察学科体系，应当从分析把握纪检监察学的逻辑起点开始。

从功能要素层面讲，纪检监察学的逻辑起点是推动纪检监察学科体系建构的起始范畴，是纪检监察学研究对象中最简单、最一般的本质规定，构成纪检监察学研究对象最直接、最基本的单位。纪检监察学的逻辑起点作为一个整体，主要包含以下要素：一是有一个纪检监察学最基本、最简单的质的规定；二是纪检监察学的逻辑起点是构成纪检监察学研究对象的基本单位；三是纪检监察学逻辑起点的理论内涵，贯穿于纪检监察学发展全过程，有助于推动建构科学完备的纪检监察学科体系。

从内在动力层面讲，纪检监察学作为一门独立的学问，因其逻辑起点的内在矛盾推动而展开，形成结构严谨的理论系统。从理论和逻辑上讲，纪检监察学逻辑起点的内在矛盾，根本在于纪检监察领域监督与被监督的矛盾，集中体现在党的建设和国家建设的生动实践中。从历史发展看，纪检监察领域监督与被监督的矛盾在不同的历史发展阶段具有不同的阶段性特征。社会主义初级阶段主要矛盾的阶段性和历史性，决定纪检监察学科体系逻辑起点的阶段性和历史性，并使其具有历史的适用域。随着中国特色社会主义进入新时代，我国社会主要矛盾已经转化为人民日益增长的美好生活需要和不平衡不充分的发展之间的矛盾。社会主要矛盾的变化是关系全局的历史性变化，对党和国家工作提出了许多新要求。特别是我国进入新发展阶段，明确了我国发展的历史方位；贯彻新发展理念，明确了我国现代化建设的指导原则；建构新发展格局，明确了我国经济现代化的路径选择。面对这样的新形势新任务，党和国家监督的目的、任务、格局、策略、方法等都发生历史性变革，从而为推动建构中国特色社会主义纪检监察学科体系提供了良好的发展机遇和强大的时代动力。

（四）精准把握纪检监察学科体系的内核基础及建构举措

1. 正确认识纪检监察学科体系的内核基础。

纪检监察理论体系既是纪检监察学科体系的内核基础，又是建构纪检监察学科体系的基本依据。推动建构纪检监察学科体系的一项重要基础性工作，就是加强研究纪检监察理论体系及其建构。

所谓纪检监察理论体系是指纪检监察学的基本理论构成，实质是对纪检监察学科内容按照一定逻辑进行排列组合而成的结构形式，主要体现在三个层面：

一是哲学层面，比如将与管党治党、治国理政等紧密相关的纪检监察范畴作为一个整体，从哲学上进行概括，形成价值范畴、核心范畴、基本范畴及关联范畴等理论体系，从中提炼出纪检监察一般理论和原理，拓展具有哲学内涵的纪检监察适用域。其中，纪检监察价值范畴包含国家安全、廉洁政治、人民权益、公平正义等价值要素；纪检监察核心范畴包含纪检监察、纪检监察权、纪检监察职责使命等要素；纪检监察基本范畴包含纪法意识、纪法关系、纪法认识、纪法思维、纪法贯通等要素；纪检监察关联范畴包含“两个革命”、全面从严治党、党和国家监督体系、党风廉政建设和反腐败斗争等要素。

二是系统层面，立足纪检监察机关职责权能实际，包含揭示管党治党、治国理政等人类政治文明及其实践发展规律的纪检监察制度体系建构及其运行机制和活动规律等理论体系。

三是一般层面，包含纪检监察融合贯通、一体发力的程序、措施、方略等理论要素。

2. 分析把握建构纪检监察学科体系的环节和特征。

推动建构纪检监察学科体系，应当以研究建构纪检监察理论体系为重要基础。纪检监察理论体系主要基于纪检监察理论模式与纪检监察功能之间的关系，着眼纪检监察系统或原则、结构要素及其建构，重在服务于纪检监察学科体系的建构，强调纪检监察的概念形成、工作实践、体制改革和完善等过程，注重纪检监察现象所包含的措施方法层面、结构层面、要素层面及其表现形式等要素建构及其过程，与纪检监察结构、纪检监察构造等概念相关。

这里的纪检监察结构，是指以纪检监察功能关系为目的排列组合的纪检监察系统和原则；这里的纪检监察构造，是指采用什么样的概念、命题、定理、机制等纪检监察理论要素或理论单元，以及采用什么样的方法建构纪检监察理论体系的系统或原则。从逻辑上讲，纪检监察结构是系统，由纪检监察结构系统的适应性与效率来评估；纪检监察构造是形式，主要任务和目的在于对概念、命题、定理、机制等纪检监察学理论要素或理论单元进行选择和处理，以及建构纪检监察学科体系的过程和手段方法。

从理论和逻辑上讲，建构纪检监察理论体系具有多重特征特色，与纪检监察结构、纪检监察构造以及纪检监察现象所蕴含的手段方法、结构诸要素建构等紧密相关，是建构纪检监察学科体系的重要基础，主要可从以下层面进行理解和把握：

一是纪检监察理论体系建构是一个概念、现象或者系统的总和。纪检监察理论体系建构作为概念，是纪检监察学科体系的基本范畴；纪检监察理论体系建构作为现象，是纪检监察学的研究对象；纪检监察理论体系建构作为系统或者原则，是纪检监察学科体系建构的目的指向及综合反映。

二是纪检监察理论体系建构，是纪检监察学研究的重要任务和建构纪检监察学科体系的重要基础性工作，涉及诸多关联要素。纪检监察理论体系建构作为纪检监察现象有机系统及其相互关系的过程和反映，既包含动态分析方法又包含静态分析对象。

三是纪检监察理论体系建构及其研究，属于历史范畴，应当运用历史的视野和历史方法，注重分析纪检监察系统或纪检监察现象形成的历史背景、结构要素及其表现形式，深入分析并挖掘纪检监察现象的历史演化进程，从而为纪检监察学科体系建设提供基础理论支撑。

3. 科学系统运用建构纪检监察学科体系的策略和措施。

作为建构纪检监察学科体系的内核基础，纪检监察理论体系来自纪检监察工作实践又服务于纪检监察工作实践。研究建构纪检监察学科体系，首要是推动纪检监察理论体系建设，坚持从问题出发，以正在做的纪检监察工作和纪检监察体制改革为中心。实践表明，新时代纪检监察事业建设和发展是当今世界一项前无古人的伟大事业，对纪检监察学科体系建构提出新的更高的要求。推动建构纪检监察理论体系，旨在更好为建构纪检监察学科体系提供基础支持。面对新形势新任务，应当遵循理论建构的规律、原理和方法，提升纪检监察理论研究乃至纪检监察学科体系建设的学术化、学理化、学科化水平。

首先，坚持建构纪检监察学科体系的正确方向。

纪检监察学实质是中国特色社会主义党和国家监督学，是党的自我革命理论的重要组成部分，植根于新时代全面从严治党、党风廉政建设和反腐败斗争伟大实践，用以解读或者回应纪检监察工作实践问题，发挥维护国家政权、捍卫民族复兴利剑作用。纪检监察学科体系以中国特色社会主义纪检监察理论体系为基础内核，必须充分体现中国特色、中国风格、中国气派。

其次，把握纪检监察学科体系及其建构的概念、变量、陈述和形式等理论体系要素和理论建构模型。纪检监察学科以抽象的概念、变量指称纪检监察现象；概念或变量之间的联结，构成纪检监察理论陈述，说明纪检监察现象各要素间相互联系的方式或者因果顺序。依据纪检监察理论陈述的不同方式可以将理论形式区分为思辨理论、分类理论、命题形式理论等。

一是思辨理论。重点探讨抽象的纪检监察学科的哲学理论问题，比如纪检监察的本性是什么，纪检监察活动的基本性质是什么，纪检监察学的理论对象和目标是什么等，通过对马克思主义哲学思想和纪检监察理论框架进行分析和综合，构造出新的理论体系或框架。

二是分类理论。推动建立纪检监察现象的类型学，比如纪检监察行为类型、纪检监察文化类型、纪检监察理论类型等，并利用这些基本概念及其理论对纪检监察现象进行分解，以便把所有纪检监察现象归入一定的分类框架，通过发展一个紧密相连的类别体系对纪检监察现象作出系统的解释。

三是命题形式理论。这是指在科学意义上可检验的、具有较高的逻辑性和抽象性的纪检监察理论，旨在推动建立具有内在逻辑联系的纪检监察学命题等级系统，具体分为宏观理论、中观理论和微观理论等类型。其中，建构宏观理论往往可以坚持定性和定量相结合，并通过严密的逻辑演绎从纪检监察学定理中演绎出诸多层次的纪检监察学的理论陈述即定理，比如“加强纪律建设是全面从严治党的治本之策”；微观理论的命题，可对纪检监察工作经验事实进行提炼并作出解释，通常运用较广的命题形式理论，旨在先建立高度抽象的理论命题，再由逻辑演绎和经验演绎推导具体的经验命题。命题形式理论通常附加一些假定和条件词素，解释相关范畴或层面的纪检监察现象，对此又称中观理论。微观理论的实质是经验提炼，从纪检监察工作实践领域大量具体案事件中概括出一系列经验命题，但抽象程度较低，与经验对象联系紧密。

从理论建构模型和方式层面讲，对于采用图表或者文字的形式陈述纪检监察现象各要素之间的联系和相互作用的研究方法，则隶属于用来构造和评价纪检监察学的理论工具，对此可以分为抽象的分析模型和通过经验命题发展的因果模型等。其中，抽象的分析模型通常说明纪检监察现象较抽象和普遍的性质及其产生、发展的过程；通过经验命题发展的因果模型较清晰地描述纪检监察工作实践领域具体案事件的因果关系。从方式方法上讲，纪检监察学科体系建构通常依赖于对逻辑、理性和经验提炼等概念范畴的研究，其中逻辑体系分为演绎逻辑和归纳逻辑。

再次，统筹纪检监察学科体系建构的步骤和过程。研究建构纪检监察学科体系，离不开纪检监察理论研究及理论体系建构。

第一，确定纪检监察学科的主题内容和范围，明确所要解释的纪检监察现象。比如，建立纪检监察结构理论，对纪检监察结构进行定义，阐明这一定义是解释普遍的纪检监察宏观结构还是涉及具体纪检监察案事件的微观结构等功能。

第二，了解与纪检监察学科主题有关的经验知识，通过探索性研究、通过对以往纪检监察工作实践经验的研究考察等，掌握现有的各种具体的纪检监察工作实践经验。

第三，以新的中心概念来组织理论命题。运用创造性的洞察力和思辨方法建构纪检监察学的中心概念。比如，全面从严治党治本之策，纪严于法、纪在法前，纪法贯通、衔接司法等，对此通称为纪检监察学科体系建构的重要范畴。

第四，对中心概念、重要概念、基本概念，通常采用纪检监察现象中的变量、指标等要素用以表述概念内涵等方式进行明晰具体的界定。

第五，建立命题演绎系统。阐述诸如治国必先治党、治党务必从严，纪法贯通、法法衔接等作为纪检监察学科公理的假定，推导出一系列定理，最后结合各种经验命题发展出一套抽象层次不同的纪检监察学命题等级系统。

第六，建立归纳理论以及对理论进行实践检验。从逻辑上讲，演绎与归纳属于归纳理论范畴，是一种古老而现代的思维方式，两者之间没有严格的界限，都须在实践经验概括的基础上通过思辨、洞察或直觉创造新的抽象理论。加强研究纪检监察学科体系建构，运用演绎的目的主要是检验现有的理论，称之理论检验研究；运用归纳的目的在于发现各种实践规律并用以建构新的理论，称之理论建构研究。

同时，应当注重对理论的实践检验和历史检验。

总之，纪检监察学科体系建构是一项全新课题，必须坚持问题导向、实践导向、需求导向，推动这一课题研究走深走实走细，开辟新境界，从理论上科学回答以党和国家监督体系、党风廉政建设和反腐败等为根本内涵的纪检监察工作实践和深化纪检监察体制改革中不断遇到的新情况新问题，并在解决问题中检验理论成色，不断积累纪检监察理论指导实践的经验，为实现新时代纪检监察工作高质量发展，更好适应解决大党独有难题、把制度优势转化为治理效能等新形势新任务提供理论支持。

（原载《中共中央党校（国家行政学院）学报》2023 年第 2 期，人民日报社《思想理论动态参阅》2023 年第 24 期全文转载）

纪检监察学范畴

纪检监察学范畴是纪检监察学科体系的元概念和纪检监察学科体系建设的重要内容。当前，加强研究纪检监察学范畴要素、纪检监察和纪检监察权范畴、纪检监察价值范畴和关联范畴等基础理论，关乎纪检监察学科体系建设，对于提高纪检监察机关专业化、理论化水平和高质量履职能力，纵深推进新时代纪检监察工作高质量发展，更好地适应坚定不移全面从严治党、深入推进新时代党的建设新的伟大工程的新使命等具有重要意义。

纪检监察学范畴是纪检监察学科体系的元概念和纪检监察学科体系建设的重要内容，是人们在纪检监察实践基础上形成的带有规律性的认识成果，以及认识和把握纪检监察理论与实践的思维工具。作为法学门类下的一级学科，目前，纪检监察学相对独立的研究领域、研究范畴、研究范式等均尚未定型，业已影响纪检监察学术体系、话语体系、理论体系建设和纪检监察实践的创新发展。加强研究纪检监察学范畴要素、纪检监察和纪检监察权范畴、纪检监察价值范畴、纪检监察关联范畴等基础理论，对于纪检监察学范畴体系的精确化、规范化，推动纪检监察学科体系建设，提高纪检监察机关专业化、理论化水平和高质量履职能力，纵深推进新时代纪检监察工作高质量发展，更好地适应坚定不移全面从严治党、深入推进新时代党的建设新的伟大工程的新使命等具有重要意义。

一、纪检监察学范畴要素分析

从理论和逻辑上讲，纪检监察学有其特定的研究对象、研究任务和研究使命，并且总是从对纪检监察学范畴内涵要素的分析探讨开始，进而逐步延伸到对纪检监察现象的本质性探索。

（一）纪检监察学范畴的内涵特征

1. 纪检监察学范畴的基本内涵及其重要性。

纪检监察学范畴是在管党治党、治国理政实践基础上形成的带有规律性的产物和纪法思维等思维观念方法成熟的结果，是纪检监察学作为独立学科的根本标志。

纪检监察学范畴是纪检监察学逻辑系统中最重要、最核心的概念，纪检监察理论体系是由纪检监察学范畴支撑起来的逻辑系统。列宁指出：“范畴是区分过程中的一些小阶段，即认识世界的过程中的一些小阶段，是帮助我们认识和掌握自然现象之网的网上纽结。”[①] 毛泽东同志认为：“概念这种东西已经不是事物的现象，不是事物的各个片面，不是它们的外部联系，而是抓着了事物的本质，事物的全体，事物的内部联系了。概念同感觉，不但是数量上的差别，而且有了性质上的差别。”[②] 习近平总书记强调：“打造易于为国际社会所理解和接受的新概念、新范畴、新表述，引导国际学术界展开研究和讨论。”[③]

所谓纪检监察学范畴，是指纪检监察学领域具有高度概括性的基本概念，是对纪检监察现象普遍本质的概括和反映。从这一定义可知：首先，纪检监察学范畴是人们对纪检监察领域普遍本质的思维活动和认识成果结晶；其次，纪检监察学范畴是人

① 《列宁全集》（第38卷），人民出版社1955年版，第90页。

② 《毛泽东选集》（第1卷），人民出版社1991年版，第285页。

③ 《习近平在哲学社会科学工作座谈会上的讲话》，载《人民日报》2016年5月19日，第2版。

们对纪检监察现象普遍本质的认识过程和反映活动，以及具有高度概括性的系列概念；再次，纪检监察学范畴是纪检监察学的硬核，以及作为独立科学区别于其他科学的本质根据。

2. 纪检监察学范畴的功能特征。

纪检监察学范畴是推动纪检监察理论建设和纪检监察实践创新发展的思维工具，具有以下功能特征：

一是客观性和主观性相统一。按照认识论原理，纪检监察学范畴来源于纪检监察实践，纪检监察学范畴数量越多、质量越高、发展变化越快，意味着纪检监察实践活动越丰富、效能水平越高，人们对于纪检监察现象及其规律的认识能力越强、纪检监察理论越成熟、纪检监察实践越规范。

二是稳定性和相对性相统一。纪检监察学科体系中的每一个范畴，都是对纪检监察现象及其规律的一定的存在形式、内在联系、发展阶段的反映，其基本含义是确定的并且是稳定的，不能进行任意增减解释。比如，党的纪律检查范畴，具有特定的内涵。随着实践深入发展尤其是纪检监察体制改革的深入推进，纪律检查范畴在内涵上发生了重大变化。

三是继承性和创新性相统一。党的百年奋斗历史表明，纪检监察机关和纪检监察制度因党而生、为党而战、向党而强，伴随着党的事业发展，积累了大量丰富的纪检监察实践和管党治党制度建设经验，具有历史的必然性。同时，纪检监察制度应当与时俱进、创新发展，更好地适应新时代推进全面从严治党、勇于自我革命的新使命新要求。

3. 纪检监察学范畴与纪检监察学科体系建设的辩证关系。

从学科体系建设与纪检监察学范畴的关系层面讲，一切科学都是在其特定领域内先有基本范畴或基础范畴的定义域，然后才有该学科的发展。纪检监察学作为法学门类下的一级学科，界定属于该学科特定的、边界清晰的基本范畴或基础范畴定义域至关重要。

就具体方法而言，主要采用逻辑学上的演绎和归纳方法，所谓演绎就是将一个纪检监察学范畴裂解为两个新范畴，如将纪法贯通分解为纪法衔接、法法衔接；所谓归纳就是将两个纪检监察学范畴结合成一个新范畴，如将纪检与监察两个范畴合并为纪检监察范畴。通过演绎和归纳，建立纪检监察学基本范畴作为纪检监察学科体系的核心概念，如纪律检查、国家监察、纪检监察等。实践充分证明，科学完备的纪检监察学范畴体系蕴含着对纪检监察现象及其规律进行归类所依据的共性。

（二）纪检监察学范畴系统和分类

纪检监察学范畴系统是纪检监察学发展到高级阶段的产物，由纪检监察学基本概念构成，是纪检监察学发展水平和成熟程度的标志。所谓纪检监察学范畴系统是指由不同层次和功能作用的纪检监察学范畴所构成的逻辑系统，是纪检监察学诸范畴有机联系的一个整体。当前，对于纪检监察学范畴系统及范畴数量等的理论研究尚属阙如。根据不同标准，纪检监察学范畴系统可以分为不同的类型和结构。

1. 根据性质、状态不同划分：一是实体范畴，反映纪检监察现象的客观内容、实在基础和各环节的基本概念，诸如纪检监察领域、纪法矛盾、纪检监察、纪检监察过程等；二是属性范畴，反映纪检监察内在本质联系所规定的属性、特点和功能的基本概念，诸如纪检监察的层次性、功能性、目的性等；三是关系范畴，反映纪检监察现象诸方面之间的对应关系、联结关系和综合联系等普遍联系的基本概念，是纪检监察学范畴的逻辑展开和具体化，诸如纪检监察主体与客体、监督与对抗、正风肃纪反腐一体发力等。

2. 根据功能、属性不同划分：一是价值范畴，体现建构纪检监察学科体系大厦的顶层设计、发挥纪检监察学之所以成为独立学科的定海神针功用等价值功能的基本概念，诸如国家安全、廉洁政治、人民权益、公平正义等；二是基本范畴，反映和概括纪检监察学研究领域各方面之间最本质、最稳定、最普遍的特性和关系的基本概念，诸如党性党风党纪、纪检监察、纪检监察领域、纪检监察治理、纪法规范、政治生态、治理效能等；三是重要范畴，在纪检监察实践中起重大作用并揭示特定规律、为推动完善纪检监察学科体系创造一定条件等重要概念，既包括成双的概念，诸如依规治党与依法治国、执纪与执法、纪法义务与纪法权利等，又有单个的概念，诸如纪法分开、纪法贯通、纪法责任等；四是具体范畴，用来分析和解决具体问题并直接反映纪检监察实践许多具体现象的内在本质联系的基本范畴，如监督检查、审查调查、案件审理、案件监督管理等。

纪检监察学范畴系统源于实践又高于实践，并由以上诸范畴层次等构成。实践表明，纪检监察学范畴之间具有必然的逻辑联系，从而形成纪检监察学范畴及纪检监察学各分支学科范畴有机联系的全范畴系统，进而建构具有中国特色的新时代纪检监察学范畴体系。

（三）纪检监察学范畴的认识过程和认知机理

从认识论层面讲，纪检监察学范畴的认识过程和认知机理贯穿于纪检监察理论研究、纪检监察制度建设和纪检监察实践全过程，涉及纪检监察领域大量纪法罪理论和实践问题，是推进纪检监察学范畴系统构建和纪检监察学科体系建设不可或缺的重要理论。

以党的纪律为例，纪律通常指党的纪律，是纪检监察学的重要元概念，用以规范党组织与党组织、党组织与党员、党员与党员等之间的党务关系，保证和维护党的团结统一。按照纪检监察学范畴的认识过程和认知机理，人们第一次体验纪律时，会将纪律放入自己的大脑记忆，虽然记下了，但对纪律的理解仍然肤浅，通常将对纪律的认识和运用限定在处理党务关系等范围。随后，人们发现纪律在处理党务关系过程中，往往涉及党和国家政策、国家法律、道德规范等，并且同社会领域乃至政治领域、国家治理领域等有着紧密关联，从而对纪律有了进一步理解。

党的十八大以来，习近平总书记提出“加强纪律建设是全面从严治党的治本之策”[①] 的重大政治论断。人们通过认真学习逐渐领悟这一重大论断蕴含纪严于法、纪在法前、实现纪法分开等科学内涵，从而对纪律有了进一步的深刻认识。党的十九大报告把党的纪律建设与政治建设、思想建设、组织建设、作风建设并列，作为党的建设的一个单独组成部分，这是党的纪律建设史上十分重要的里程碑，充分表明党对纪律建设重要性、规律性认识的进一步深化和发展，表明新形势下党坚定不移正风肃纪反腐的坚强决心，标志着全面从严治党进入新的历史阶段，使人们对纪律有了更深刻的认识。纪律建设被提到党和国家战略层面进行部署，这是党的历史上前所未有的重大制度创新成果。党的二十大报

① 《习近平新时代中国特色社会主义思想专题摘编》，党建读物出版社 2023 年版，第 571 页。

告强调，全面加强党的纪律建设。[①] 纪律建设作为全面从严治党的治本之策，与管党治党虽然有着密切的联系，但两者并非同一范畴，不能等同。从性质上讲，纪律是管党治党的政策工具，纪律范畴无疑隶属于全面从严治党范畴，换言之，全面从严治党范畴与纪律范畴具有关联性。通过这样不断地认识累积，人们对纪律概念的理解逐渐加深，进而用以解释党内政治生活、全面从严治党、党的自我革命乃至纪检监察等各种社会政治现象。归结起来，以上人们对纪律概念、纪律范畴的认识案例，一定意义上集中体现了对纪检监察学范畴的认识过程和认知机理及其内在运行的规律特征。

二、关于纪检监察与纪检监察权范畴的结构性透析

纪检监察与纪检监察权范畴之间具有十分密切

---

① 习近平：《论党的自我革命》，中国方正出版社、中央文献出版社、党建读物出版社 2023 年版，第 5 页、第 154 页、第 257—258 页。

的联系。纪检监察是纪检监察学的元概念和纪检监察学科体系建构的基石，纪检监察权是纪检监察范畴赖以产生，以及纪检监察制度安身立命的硬核，两者统一于纪检监察现象及其规律，凸显出如下结构性要素及特征。

（一）纪检监察范畴的基本内涵

精准分析和把握纪检监察范畴的基本定义及特征，既要观照历史更要注重现实，重在结合现代政党政治、政党制度等社会运行规律、基本理论尤其是具有许多新的历史特点的新时代管党治党、治国理政伟大斗争实践等进行考察分析。

当前，对“纪检监察”概念界定的理论研究刚刚起步。所谓纪检监察，是指纪检监察机关监督执纪执法工作或者监督执纪执法活动的总和，既是纪检监察制度乃至纪检监察现象的核心词素，又是纪检监察学研究对象的内核，从字面上看似是纪检和监察的合成，但并非纪检和监察的简单之和，而是党的纪律检查与国家监察全要素贯通叠加，蕴含着管党治党和治国理政的理念、理论、功能、制度与实践等诸价值，并在不同历史阶段有着不同的内涵特质。

具体地说，首先，纪检监察在性质上属于监督活动，属于党和国家监督体系范畴；其次，纪检监察是纪检监察机关的监督执纪执法工作或活动，包含监督执纪和监察执法；再次，监督执纪执法工作或者活动既是具体的又是系统的或综合的过程甚或现象，既包含单一的、具体的监督执纪执法工作或者活动，又包含监督执纪执法工作或者活动的过程或现象，并且是具体的、过程的或者现象的统一。

（二）纪检监察范畴的内在结构

纪检监察范畴要素取决于纪检监察范畴作为有机联系的范畴系统，反映党的纪律检查与国家监察有机融合的内在逻辑和历史渊源。按照逻辑学原理，纪检监察范畴结构性要素包含纪律检查、国家监察、纪检监察等范畴及其历史发展。

1. 纪律检查。

通常简称纪检，包含党的纪律、纪律检查、纪律检查机关、纪律检查工作或者纪律检查活动等内涵要素。习近平总书记指出，纪律严明是加强和规范党内政治生活的内在要求和重要保证。[①] 各级纪律检查委员会要担负起监督责任，敢于瞪眼黑脸，勇于执纪问责。[②]

从历史发展看，加强纪律建设是党与生俱来的政治底色和红色基因。党从成立之日起就强调纪律，高度重视纪律建设，要求党组织必须接受中央的领导和监督，党员必须严守纪律。经过最初几年艰苦卓绝的斗争，1927 年党的五大决定设立中央监察委员会，这是党的第一个中央纪律检查监督机构，并突出强调党的政治纪律的极端重要

---

① 习近平：《论党的自我革命》，中国方正出版社、中央文献出版社、党建读物出版社 2023 年版，第 5 页、第 154 页、第 257—258 页。

② 《习近平关于全面从严治党论述摘编》，中央文献出版社 2016 年版，第 11—12 页。

性，开创了设立党内监督机构的先河，对之后党内监督机构的发展和党内监督工作开展都产生了积极影响。

所谓纪律检查是指党的建设尤其是党的纪律检查所包含的各种范畴，比如党章、其他党内法规及党性、党风、党纪、党员义务权利、党内监督专责机关、监督执纪问责、纪律检查事项、纪律审查、党纪处分等。具体地说，对纪律检查的理解和把握，应从政党政治、党的建设、全面从严治党、自我革命等理论和逻辑视野入手，突出纪律的核心性，比如：政党→政党纪律→政党纪律执行→政党纪律执行机构。

综上，党的纪律检查蕴含着党内监督、党内监督活动等，属于党内监督范畴，既是现代政党政治的产物和党的建设重要之策，又是加强党内民主、促进党内民主建设的体现和保障。建党一百多年来，我们党积极探索纪律检查实践和纪律建设理论，取得了党内监督和纪律建设的丰硕成果及宝贵经验。

2. 国家监察。

习近平总书记指出，国家监察是对公权力最直接最有效的监督。权力监督的目的是保证公权力正确行使，更好促进干部履职尽责、干事创业。[①] 国家监察通常简称监察，包含居高临下、监观四方、明察秋毫的监督、监控、察看等，乃至与专制相对应的国家法制、监察监督、监察机关、监察工作或者监察活动等内涵要素。

从历史上看，我国监察自秦代以来业已有之。中华人民共和国成立以来，党实行全国执政、全面执政，把加强对政府权力运行的制约和监督提上重要议事日程。这里的政府权力是广义的，狭义上可界定为行政权力。国家监察与行政监察有着质的区别，行政监察隶属于国务院系统，是针对狭义政府层面的权力监督机制，是党取得全国执政地位之后

① 习近平：《论党的自我革命》，中国方正出版社、中央文献出版社、党建读物出版社 2023 年版，第 5 页、第 154 页、第 257—258 页。

着手进行的与党的纪律检查相对应的政制设置和制度安排。行政监察经过七十多年的演绎发展，最终被国家监察所取代。

从我国的实际看，监察与纪检之间紧密相关，两者具有现代意义。比如，1927 年党的五大选举产生的中央监察委员会，主要源于对 1921 年俄共（布）十大作出《关于监察委员会》的决议并成立监察委员会等做法的学习借鉴。可见，这时的监察与纪律检查无异，并在之后名称的使用上有些反复，与 1920 年俄共（布）在列宁建议下设立在政府机构中的苏联工农检查院也有所区别，工农检查院负责对各国家权力机关的监督，与我国当下的监察委员会相似。国家监察是新时代的新生事物，诞生于中华民族伟大复兴的新时代。2016 年，以习近平同志为核心的党中央部署深化国家监察体制改革试点，党的十九大报告对深化国家监察体制改革试点工作在全国推开等作出重大部署。深化国家监察体制改革自党的十九大以来取得重要成果。

国家监察蕴含着权力监督或权力监督活动等，属于党和国家监督体系范畴，是现代政治的产物和现代法治国家建设的要求，是国家民主政治的重要体现和保障。所谓国家监察是指针对公权力以及行使公权力的公职人员实行监察活动所包含的各种范畴，比如宪法、监察法律法规、政务处分法律、从政从业道德操守、国家监察专责机关、监督调查处置、监察事项、立案审查调查、监察措施、监察程序及纪法贯通、纪法衔接、法法衔接、政务处分、移送司法等。对国家监察的理解，应从党的治国理政、国家治理等理论和逻辑入手，把握公权力这个核心，比如：权力→权力监督法律制度→监督法律制度执行→监督法律制度执行机构。

3. 纪检监察。

纪检监察的内涵和特征是历史的，党的纪律检查与国家监察的有机融合，经过了一个发展演化的建构过程。新时代的纪检监察内涵和特征超越了以往任何时候。改革前纪检监察机关的主责主业在于纪律检查和行政监察，实践中涉及司法处置转由检察等司法机关解决，属于外部协作范畴。随着纪检监察体制改革深入推进，纪检监察内涵由党的纪律检查、行政监察发展为党的纪律检查和国家监察有机融合的结合体，纪检监察机关主责主业由纪律检查、行政监察发展为党的纪律检查和国家监察范畴，包含纪律检查和国家监察两项职责，法治要素在管党治党领域和执纪执法战线的权重加大。解决纪检监察工作实践中的法治问题，由纪检监察机关外部转向纪检监察机关内部并成为其重要履职事项，增强纪检监察法治元素并推动纪检监察工作规范化、法治化、正规化的权重随之加大，以解决和处理纪法罪问题为内核的纪检监察制度体制建构，对传统纪检监察制度体制的改革以及新时代纪检监察制度重塑的重要性更为凸显。

纪检监察是党的纪律检查和国家监察的合称，包含五层意思，体现在五个层面：

一是权力。纪检监察作为一项权力，包括党内监督和国家监察专责权，属于党和国家监督权范畴，其中党内监督专责权力由党章赋授，国家监察专责权力由宪法法律赋授，与立法权、行政权、司法权等国家权力相对应。

二是组织或系统。纪检监察作为一个组织或系统，具体表述为纪检监察机关、纪检监察组织、纪检监察机构或者纪检监察系统，包括党内监督专责机关和国家监察专责机关，其中纪律检查委员会和监察委员会合署办公后的纪检监察机关尤其是监察机关与立法机关或立法系统、行政机关或行政系统、司法机关或司法系统等相对应。

三是工作或活动。纪检监察作为一项工作或者活动，与党内其他工作或活动、国家立法工作或立法活动、行政工作或政务活动、司法工作或司法活动等相对应。

四是制度。纪检监察作为一项制度，与党内法规制度、国家立法制度、行政制度、司法制度等相对应。

五是现象。纪检监察作为一种现象，与人类社会的政治活动现象、经济活动现象、国家立法活动现象、行政活动现象、司法活动现象等相对应。

（三）纪检监察范畴的体系要素

纪检监察作为一个有机整体，经历了历史发展和新时代自我革命伟大斗争实践淬炼，业已沉淀为举世无双的纪检监察现象和纪检监察制度。按照体系战略原理，所谓纪检监察范畴的体系要素实质是一个有机的要素体系或者要素群，是纪检监察学范畴的重要组成部分。加强研究纪检监察范畴的体系要素，是推动纪检监察学科体系建设的一项重要基础性工作，关涉纪检监察主体、职责、职权、对象和事项、程序、效能、责任等要素。

1. 纪检监察主体。

纪检监察主体是纪检监察权力的行使者和纪检监察责任的承担者，主要包括：中央纪委国家监委和地方纪检监察机关；基层纪检监察机构；派驻、派出纪检监察机构；其他机关、单位或机构包括党的机关工作委员会、中央和地方各级人民政府所属国家机关和国有公司企业事业单位，以及其他依法从事公务的机构等党组织内设的纪委、纪律检查委员及监察专员等。

2. 纪检监察职责。

纪检监察职责包含纪检监察工作职能、使命、任务及责任等要素。根据党章和宪法法律等规定，纪律检查委员会的职责是监督、执纪、问责；监察委员会的职责是监督、调查、处置。

3. 纪检监察对象和事项。

根据党章和监察法等规定，纪检监察对象和事项主要包括人、事、案。这里的人，是指党员和行使公权力的公职人员，包括拥有并行使公权力的组织和个人，通常表现为掌握党内权力和国家权力的部门、组织和个人，具体包括党员及监察法规定的公职人员和有关人员。这里的事即纪检监察事件，是指违反制度、违反党的纪律、违反道德操守等行为，以及特别调查事项[①]。这里的案或称纪检监察案件即纪法罪案件，是指违反制度规定、违反党纪、职务违法、职务犯罪等纪法罪案件，属于纪检监察事件的特殊形态。总之，违规、违纪、职务违法、职务犯罪、违反道德操守、涉纪法罪事件、特别调查事项，及其具体的行为和问题，是新时代纪检监察机关的基本任务内容和纪检监察工作的核心对象，无论纪律监督、监察监督、巡视监督、派驻监督，还是监督检查、审查调查等，都围绕处理和解决以上所述的行为和问题而展开。

4. 纪检监察程序。

纪检监察程序是指纪检监察活动的先后次序，针对纪检监察对象进行监督执纪执法、实现纪检监

---

① 这里的特别调查事项，是指涉纪涉法的一些特定事件。这些事件错综复杂，不同于单一或者单纯的违纪、职务违法、职务犯罪等具体案件，主要表现为涉及人员多、牵涉面广，纪法交织、罪错交杂，线上线下互动，传播力强、影响力大，危害后果显性与隐性并存，认定处理政策要求高，处置难度大等层面，包括区域性、跨区域乃至全国性的公共事件或者群体性事件等。参见詹复亮：《纪法思维导论》，中国方正出版社 2021 年版，第 231 页。

察权能的活动而设定，涉及被监督对象的人身、财产、精神等纪定法定义务权利，是有效执行并落实党长期执政和国家长治久安的意志、纪律、政策和法律等的方式、方法、顺序、步骤和要求，也是规范和促进纪检监察机关依规依纪依法履职并防止权力滥用等的秩序保障，具有强化权能、制约权力、权力正当、稀释矛盾、信纪信法和服纪服法等功能。

5. 纪检监察效能。

纪检监察效能是指纪检监察工作发挥管党治党、治国理政的职能作用及其取得的效果，是纪检监察工作一切成果的检验标尺。纵深推进新时代纪检监察工作高质量发展，必须深刻理解党和国家大局，做到“国之大者”心中有数，自觉在大局大势下思考和谋划工作，坚持政治引领、聚焦主责主业，在依规依纪依法履职上下功夫，做好每一项工作、处理好每一项事件、办好每一起案件。

衡量纪检监察效能的重要标准，可具体化为更加科学、更加精准、更加有效履职，实现政治效果、纪法效果和社会效果有机统一。三个效果相辅相成，是一个不可分割的有机整体。其中，政治效果是贯彻落实党中央全面从严治党战略方针、政策和要求的实际情况，是纪法效果的政治前提和方向保证；纪法效果是依规依纪依法履职的具体成效，是政治效果和社会效果的规范化、法治化、正规化；社会效果是社会各界和广大人民群众对纪检监察工作新期待新要求的满意度，既是纪法效果的出发点和落脚点，也是政治效果的具体化和实践化。三个效果统一于以高质量的党内监督和国家监察促进党和国家事业发展，彰显党的领导政治优势和国家制度优越性。

6. 纪检监察责任。

这里的责任包含主体责任和监督责任，是管党治党、治国理政的政治担当和力量源泉。党的十八大以来，以习近平同志为核心的党中央对加强反腐败体制机制制度创新和保障进行重点部署，明确落实党风廉政建设责任制，党委负主体责任、纪律检查委员会负监督责任，制定实施切实可行的责任追究制度。党的十九届四中全会把完善和落实全面从严治党责任制度等举措作为坚持和完善党的领导制度体系的一项重要内容。2020 年 3 月，党中央发布《党委（党组）落实全面从严治党主体责任规定》，推动全面从严治党向纵深发展。根据党章和宪法法律等规定，所谓纪检监察责任，是指纪检监察机关负有专门的党内监督和国家监察的职责和任务，主要体现为履行监督执纪执法、协调整合各项监督并促进、推动、保障主体责任落实等职责和任务。对纪检监察机关不履行监督责任或者履行不力的行为，依照纪律处分条例的规定追究责任。

（四）纪检监察权范畴与纪检监察范畴的关系及其结构性要素

从关系层面讲，纪检监察权范畴属于纪检监察范畴的组成部分。从功能作用讲，纪检监察权范畴在纪检监察制度和纪检监察学科体系建设中居于重要地位，因此将其单列出来进行专门讨论，重点认识和把握以下纪检监察权范畴结构性要素。

1. 纪检监察权的基本内涵。

纪检监察权是党和国家权力的重要组成部分，是指由党章和其他党内法规、国家宪法法律赋予纪检监察机关依规依纪依法履行党内监督和国家监察监督专责、实现纪检监察职责权能的能力或者力量的总和。

从范畴层面讲，纪检监察权容易同纪检监察职责、纪检监察职权、纪检监察职能、纪检监察措施、纪检监察任务等相混淆，应当加以区别。纪检监察职责是指纪检监察工作所担负的事项及责任；纪检监察职权是指与纪检监察职责相适应的权限，与纪检监察权在内核上基本等同；纪检监察职能是指纪检监察机关应有的作用；纪检监察措施是指针对纪检监察领域矛盾和问题的解决办法、方式、途径；纪检监察任务是指党章及其他党内法规、国家宪法法律规定纪检监察机关担任的工作和责任；等等。

对于纪检监察权的理解和把握，可从以下层面进行：

一是权力的性质。纪检监察权属于党和国家权力范畴，集纪律检查的党内治理权力和国家监察的国家治理权力于一体。

二是权力的来源和表现形态。纪检监察权是通过党章和其他党内法规赋授纪检机关的党内监督权、通过宪法法律赋授监察机关的国家监察权的有机复合体，彰显鲜明的纪检监察权"一体两面"权力形态特色。

三是权力的内容和对象。纪检监察权是实现纪检监察职责权能所需的各项职权的集合，并非指某一项特定的权力。从权力对象层面讲，纪检监察权是施治于纪检监察机关监督对象和监督事项的纪定法定对外权，不包括为保障行使纪检监察权、正常履行或者发挥纪检监察职责权能的内部行政决策和行政决定、行政管理、人事管理、财务管理等内部管理权。

四是权力的功能和目的。纪检监察权具有管党治党的党内监督功能和治国理政的国家监察功能，目的和任务在于实现纪检监察职责权能，把制度优势转化为治理效能。

2. 纪检监察权的分类。

纪检监察权是一项复合权，包含诸多具体权能，并且诸权能之间既联系又区别。根据不同的标准，可以对纪检监察权进行不同分类。

从权力的性质和来源层面，可以将纪检监察权分为党的纪律检查权和国家监察权。其中，党的纪律检查权来自党章和其他党内法规赋授，属于全面从严治党的党内治理权力范畴；国家监察权来自宪法法律赋授，属于全面依法治国的国家治理权力范畴。

从权力的结构和隶属关系层面，可以将纪检监察权分为根本权力、基本权力和具体权力。其中，基本权力和具体权力是对根本权力的细分、具体化。

此外，按照权力作用的领域、权力形式、权力的存在形态、权力的结果等标准不同，还可以对纪检监察权进行相应的分类。

3. 纪检监察权的特征。纪检监察权集党内监督权与国家监察权于一体，是一项特殊的权力，与党内的决策权、立规立制权、执行权，以及国家的立法权、行政权、司法权等权力相比，纪检监察权具有自身的鲜明特征。

一是政治性。这是纪检监察权的首要特征，其根本在于纪检监察权作为党和国家特殊的权力，蕴含着党内监督专责和国家监察专责的政治特质，发挥管党治党、治国理政、保证党和国家长治久安的政治功能，体现特有的政治特性。

二是人民性。人民就是江山，全心全意为人民服务是党的根本宗旨和党领导的人民政府的根本宗旨。纪检监察权是党章和其他党内法规、国家宪法法律赋予纪检监察机关的权力，具有党内监督和国家监察专责权的内涵特质，决定了其蕴含鲜明的人民性。

三是专门性。纪检监察权只能由党内法规和国家法律规定的纪检监察机关行使，其他任何机关、团体和个人都不得行使。

四是公共性。纪检监察权包含纪律检查权和国家监察权，而在国家监察层面具有对 101 种刑事犯罪的调查处置权，这些刑事犯罪涉及我国刑法分则规定的九大客体，充分表明了国家监察机关的监察调查处置权具有国家治理的功能属性及鲜明的公共性。

五是叠加性。纪检监察权由监督检查权、执纪审查权、纪律处理处分权、问责权、监察调查权、监察处置权、纪检监察建议权等立体式权能叠加而成，具有很强的叠加功能。此外，纪检监察权还具有公权力的其他一些共性，比如合规合法性，纪检监察权必须由党内法规和国家法律明确授予，纪检监察机关行使纪检监察权都应于规于纪于法有据，不能超越纪法规范赋授范围；比如不可放弃性，纪检监察权由党内法规和国家法律赋权，纪检监察机关不能随意放弃；等等。

4. 纪检监察权的层次结构。这里的层次结构，主要包含以下要素：

第一，纪检监察根本权力。这是指在党的建设和国家政权建设大格局中将纪检监察权定位为监督权，与党的决策权、执行权，以及国家的立法权、行政权、司法权等相对应，具有根本性。

从权力的本质和来源看，纪检监察权的本质内核是监督，这是基于党的伟大自我革命和伟大社会革命有机统一、党内治理和国家治理有机结合并贯通发力等鲜明中国特色的政制基因。从党章规定坚持党的领导和宪法规定的国家政制格局来看，在党的领导下，国家立法权、行政权、监察权、司法权由不同国家机关分别行使，实现党的执政权与国家的立法权、行政权、监察权、司法权相统一。在这一政制格局下，纪检监察机关被赋予党内监督专责机关和国家监察专责机关的职责权能性质，以及这一监督权的党章定位和宪法定位。据此逻辑，监督权具有党内的专责监督权和国家的专责监察权有机融合的政制内涵和政制格局特色。按照党和国家的政制安排，纪检监察机关行使纪检监察权的监督特质，从本质上讲属于我国现行政制格局下行使的专责监督权，体现在党内监督的专责机关和国家监察的专责机关等党章定位赋权和国家宪法监察法定位赋权上。

需要指出的是，我国的监督制度和监督权并非纪检监察机关独有，而是一个整体，并基于不同职能，划分为相关领域。比如，党内监督权的主体包括党作为整体的党组织以及党的组织部门、宣传部门、统战部门、纪检部门、政法部门等，这些主体具有行使不同领域的党内监督权力；又如，在国家监督层面，除了纪检监察机关监督，还包括人大监督、国家机关监督、司法监督、民主监督、新闻舆论监督等。在这一监督体系框架下，党内监督处于主导地位。

第二，纪检监察基本权力。为实现纪检监察职责权能，纪检监察权进一步细化为纪检监察基本权力。所谓纪检监察基本权力是指为了实现纪检监察职责权能，在监督权的总依据、总原则指导下，按照其自身运行规律细分为监督检查权、执纪审查权、执法调查权、问责处置权、纪检建议权和监察建议权等基本权力。

一是监督检查权。所谓监督检查权是指纪检监察机关依规依纪依法对党内监督对象和行使公权力的公职人员贯彻执行党章党规党纪、国家法律法规和党中央决策部署等情况进行监督检查的权力。这里的监督检查是一体的、融合贯通的，并且是具体的、实践的，不是根本性层面的监督。按照纪检监察制度安排，监督检查权集党内监督和国家监察于一体，融合贯通、一体发力。

二是执纪审查权。所谓执纪审查权是指纪检监察机关依规依纪依法对违反党的纪律的党员进行组织审查的权力。这是针对违反党的规定、党的纪律等而言，由党章和其他党内法规赋授，属于党内审查或者纪律审查范畴。党的十八大以来，为了适应全面从严治党新形势，将纪检机关“办案、调查”

改称“审查”，将“接受组织调查”改称“接受组织审查”，体现纪检检查职能转变及对党章要旨的回归。

三是执法调查权。所谓执法调查权是指监察机关依规依纪依法对涉嫌严重职务违法、职务犯罪，以及违反道德操守、特别调查事项等进行监察调查的权力。这是针对严重职务违法、职务犯罪，以及违反道德操守、特别调查事项等而言，由宪法、监察法等赋授，属于监察执法范畴。执法调查权是深化国家监察体制改革的产物，是将监督体系与治理体系有机对接、推进国家治理体系和治理能力现代化的重大制度安排，其根本在于把制度优势转化为治理效能。

四是问责处置权。所谓问责处置权是指纪检监察机关根据监督检查、执纪审查、执法调查等结果，对违规、违纪、职务违法、职务犯罪，以及违反道德操守等行为、特别调查事项等进行处置的权力。其中，问责权包括党纪问责和监察问责；处置权包括对监督检查发现的轻微违规违纪问题的组织处理、对轻微违规行为的组织处分、对违纪行为的纪律处分、对职务违法和职务犯罪等行为的监察处置和移送司法机关处理等权力。这是针对纪检监察机关监督检查、执纪审查、执法调查等结果而言，依据党章、其他党内法规和国家宪法法律赋授的权力所进行的处理、处分活动。

五是建议权。所谓建议权是指纪检监察机关根据监督检查、执纪审查、执法调查等活动的结果，对监督对象或者有处理权的单位或者部门提出处理建议的权力。这是针对纪检监察机关监督检查、执纪审查、执法调查等结果而言，依规依纪依法提出建议的活动。建议权包括纪检监察机关对作为监督对象的组织或者单位等提出整改、改进建议，以及对移送司法机关处理的纪法案件提出从宽从轻处理建议等权力，包括纪检建议权和监察建议权，具有纪法效力。科学运用纪检监察建议权，是高质量监督的重要环节，是做好“后半篇文章”的重要依据和实践依托。

第三，纪检监察具体权力。这是对纪检监察根本权力和基本权力的细分、具体化。所谓纪检监察具体权力是指纪检监察机关为适应实现纪检监察职责权能需要，对纪检监察根本权力和基本权力进行细分的权力。比如，将监督检查权细化为日常谈话、参加会议、查阅工作资料等具体权力；将执纪审查权细化为函询、初步核查、执纪立案、纪律处分、问责等具体权力；将执法调查权细化为监察立案、监察调查、监察处置、监察问责等具体权力；将建议权细化为问题整改建议、司法处理建议等具体权力。

实践表明，纪检监察机关监督对象和监督事项具有多类型、复杂性等特征，这决定了纪检监察具体权力的多样性、丰富性。比如，对党员干部违纪行为的调查、处理和处分，属于执纪审查范畴，依规依纪采用谈话、查阅复制资料、查核资产情况、鉴定勘验，以及搜查、暂扣、封存涉案财物等执纪审查具体权力；对行使公权力的公职人员涉嫌职务违法、职务犯罪等案件的调查，属于执法调查范畴，采用讯问、询问、留置、冻结等具体权力；等等。

三、关于纪检监察的价值范畴与关联范畴

纪检监察的价值范畴与关联范畴，是纪检监察学科体系建设乃至纪检监察制度的重要基石，也是纪检监察学研究的重大课题。

（一）纪检监察价值范畴的一般含义

按照哲学理论，价值主要是指客体对主体的有用性，具有主观性、主体性。所谓纪检监察价值，是指纪检监察所具有的一般规定、本质和性能，简言之，纪检监察价值是指纪检监察的用途或者积极作用，具有多层面、多样性，主要包含国家安全、廉洁政治、公共利益、公平正义等价值要素。

对于纪检监察价值范畴的理解和把握，尚须认识和处理纪检监察价值、功能与意义、作用等概念范畴之间的关系。

纪检监察功能是指纪检监察活动或实践所发挥

的作用和效能。相对于纪检监察本身而言，纪检监察功能是纪检监察机关内在固有的效能，由纪检监察内在结构所决定，是内生于纪检监察机关的相对稳定和独立的一种机制，具有潜在的纪检监察作用。

纪检监察意义是指纪检监察活动或者实践产生的作用和价值，包括人们对纪检监察功能的认知和对纪检监察现象或纪检监察制度的认识。

纪检监察作用是指通过纪检监察活动或实践对纪检监察对象产生的影响和效果，是纪检监察机关同监督与被监督矛盾运动的外部环境发生关系所产生的外部效应，是纪检监察功能的外化。

纪检监察功能，并不完全等同于纪检监察的作用。纪检监察功能的实现，需要具备一定的条件。如果只具备纪检监察功能而不同监督与被监督矛盾运动的外部环境发生关系，就不能产生纪检监察作用。同样的纪检监察功能，对监督与被监督矛盾运动的外部环境的作用既可能是正面的，也可能是负面的，这主要取决于纪检监察功能同监督与被监督矛盾运动的外部环境的互动方式和互动效能。

一般而言，纪检监察价值是对纪检监察功能、意义、作用等概念范畴的一种测评或者评价，纪检监察功能是纪检监察作用产生的内部根据和前提基础，客观需要是测评产生纪检监察作用的外部条件，纪检监察作用是测评纪检监察功能与客观需要相结合而产生的实际效能。

（二）纪检监察价值范畴的结构性要素

1. 维护国家安全。

维护国家安全是纪检监察的首要价值，是建构纪检监察学科体系的首要元概念。从党和国家事业发展讲，国家安全是定国安邦的重要基石，是民族复兴的根基，是人民安居乐业的保证。维护国家安全，是全国各族人民根本利益所在。我们党诞生于国家内忧外患、民族危亡之时，对国家安全的重要性有着刻骨铭心的认识，始终把维护国家安全工作紧紧抓在手上。根据总体国家安全观，国家安全体系涉及政治、国土、军事、经济、文化、社会、科技、网络、生态、资源、核，以及海外利益、外太空开发等诸领域安全，包括外部安全和内部安全、国土安全和国民安全、传统安全和非传统安全、自身安全和共同安全，以及政治安全、政权安全、制度安全、意识形态安全和粮食安全、能源安全、重要产业链供应链安全等。其中，政治安全是根本，攸关党和国家安危，核心是政权安全和制度安全。

纪检监察机关是推进全面从严治党、党的自我革命的重要力量，根本职责使命是捍卫“两个确立”、做到“两个维护”、坚决维护党中央权威和党的团结统一。随着纪检监察体制改革深入推进并实行纪法贯通融合、一体发力，纪检监察工作深度融入国家治理领域，纪检监察职责权能发挥同国家安全诸领域紧密相关，必须把履行根本职责使命、维护国家安全作为新时代纪检监察工作“国之大者”和纪检监察机关一切工作的根本政治原则。

2. 维护廉洁政治。

维护廉洁政治是重要的纪检监察价值，是建构纪检监察学科体系的重要元概念。加强研究廉洁政治建设和运行规律，提升实现不敢腐、不能腐、不想腐一体推进战略目标的理论水平和实际效能，是纪检监察学研究的重大时代使命，也是推动建构纪检监察学科体系的元动力。

廉洁与腐败是一对矛盾，也是一对重要范畴，并且与党和国家的生死存亡紧密联系在一起。腐败是社会毒瘤，腐败问题对我们党的伤害最大。如果任凭腐败问题愈演愈烈，最终必然亡党亡国。历史和现实表明，腐蚀与反腐蚀是人类有阶级社会以来长期没有解决好的世界性矛盾和历史性课题。反对腐败、建设廉洁政治，是我们党一贯坚持的鲜明政治立场，是坚持党的性质和宗旨的必然要求，是党的自我革命必须长期抓好的重大政治任务。党风廉政建设和反腐败斗争是一项长期的、复杂的、艰巨的任务，不可能毕其功于一役。我们党作为百年大党，要永葆先进性和纯洁性、永葆生机活力，必须一刻不停地推进党风廉政建设和反腐败斗争。党风廉政建设永远在路上，反腐败斗争永远在路上。纪检监察机关从成立之时起，就以反对腐败为己任，在反对腐败、建设廉洁政治的历史进程中发挥了重要作用，积累了宝贵经验。

3. 维护人民权益。

维护人民权益是以人民为中心的发展思想的核心内涵，是重要的纪检监察价值，是建构纪检监察学科体系的重要元概念。习近平总书记强调，为什么人的问题，是检验一个政党、一个政权性质的试金石。发展社会主义民主政治就是要体现人民意志、保障人民权益、激发人民创造活力，用制度体系保证人民当家作主。把人民拥护不拥护、赞成不赞成、高兴不高兴、答应不答应作为衡量一切工作得失的根本标准。加强研究纪检监察学范畴，把维护人民权益作为重要范畴实乃题中应有之义。

人民权益是具体的、实践的，以公共利益为主要表现形式。公共利益是人民权益的集中体现，是现代政治生活中不可回避的一个重大政治问题和现实问题。我们党没有自己特殊的利益，党在任何时候都把群众利益放在第一位。党自诞生以来，就担负起我国近代鸦片战争以后落在中国人民肩上的争取民族独立、人民解放和实现国家繁荣富强、人民共同富裕的两大历史任务，始终代表最广大人民的根本利益，党的一切工作都是为了实现好、维护好、发展好最广大人民的根本利益。回顾党的百年历程，矢志践行为中国人民谋幸福、为中华民族谋复兴的初心使命是党的性质宗旨、理想信念、奋斗目标的集中体现和党的建设的永恒课题，是中华民族最大、最根本的公共利益和最大公约数。纪检监察机关作为党内监督和国家监察的专责机关，维护人民权益是其根本职责和功能价值所在。

4. 维护公平正义。

维护公平正义是重要的纪检监察价值，是建构纪检监察学科体系的重要元概念。加强研究纪检监察学范畴，把维护公平正义作为元范畴、元概念和理论研究的原点实乃其题中应有之义。

公平正义是人类社会的产物，是人与国家之间的纽带，来自人的超然本性与社会现实的矛盾，以及对人与人之间社会关系和利益冲突的实践回应。毛泽东指出，我们的事业是正义的，正义的事业是任何敌人也攻不破的。公平正义是我们党追求的一个非常崇高的价值。腐败导致社会最大的不公，监督制度是现代民主政治的一大支柱，其重要价值在于消除腐败、维护公平正义。纪检监察机关是党内监督、国家监察专责机关和管党治党的重要力量，推动民主政治建设、维护公平正义是其不可推卸的职责使命，应当把公平正义的价值追求贯穿于纪检监察学范畴研究全过程，让公平正义价值嵌入纪检监察学内核。

国家安全、廉洁政治、人民权益、公平正义是纪检监察价值范畴的结构性要素，诸范畴之间相互作用、相互影响、相辅相成，统一于中国特色社会主义民主政治，蕴含于纪检监察价值以及纪检监察学范畴系统的辩证逻辑之中。其中，国家安全是前提和基础，没有国家安全就谈不上廉洁政治、人民权益和公平正义；廉洁政治是保障，没有廉洁政治，国家安全、人民权益就会受到威胁或者损害，公平正义也就失去根基；人民权益是核心，没有人民权益，国家安全、廉洁政治、公平正义就失去辨别的依据；公平正义是根本，没有公平正义，国家安全、廉洁政治、人民权益也就失去实质性意义。无论是纪检监察事业的发展完善，还是纪检监察学、纪检监察学范畴系统研究的发展完善，都应当从国家安全、廉洁政治、人民权益、公平正义等元范畴、元概念出发，用以建构纪检监察学科体系的概念的属性、种类及基本的、具体的概念等范畴谱系，促进和指导纪检监察价值有效发挥。

（三）纪检监察关联范畴的结构特征

1. 纪检监察关联范畴的一般含义。

按照范畴论原理，范畴与范畴之间的关联性在于其所具备的意义内涵，并由范畴的性质所决定。从功能作用讲，纪检监察关联范畴与纪检监察学理论和实践有着密切的联系，关涉纪检监察学术体系、话语体系、理论体系建构，以及纪检监察职责权能科学有效发挥。

所谓纪检监察关联范畴是指与纪检监察范畴互相关连并对纪检监察职责权能发挥具有特定意义的相关范畴。从这一定义出发，需要重点把握以下要素：首先，关联不是等同。纪检监察关联范畴与纪检监察范畴紧密关连，但两者并不等同。其次，有意义才关联。纪检监察关联范畴对于纪检监察范畴、纪检监察职责权能发挥具有特定意义，否则，就不属于纪检监察关联范畴。再次，关联意义具有两重性。一方面，纪检监察关联范畴对于纪检监察范畴、纪检监察职责权能发挥具有引领、指导等功能；另一方面，纪检监察范畴、纪检监察职责权能发挥对纪检监察关联范畴具有反作用。

2. 纪检监察关联范畴的内涵要素、功能属性及意义。

从理论和逻辑上讲，纪检监察关联范畴比较丰富，如“两个革命”、全面从严治党、党和国家监督体系、党风廉政建设和反腐败斗争等范畴，对纪检监察理论创新、实践创新和制度创新等发挥极其重要的作用。从功能属性上讲，党的自我革命、全面从严治党、党和国家监督体系、党风廉政建设和反腐败斗争等范畴隶属于党的建设范畴，是党在各历史时期尤其是新时代党的建设新的伟大工程的重要组成部分。

按照认识论原理，范畴之间紧密联系而并非彼此孤立。纪检监察现象属于人类社会发展到一定阶段的产物，在现代社会系统中属于次级系统。加强研究纪检监察关联范畴，有助于理解和把握纪检监察现象的构成、演进和发展，以及纪检监察职责权能、机制及运行方式和实践模式等要素及其相互联系，更好把制度优势转化为治理效能。

3. 纪检监察关联范畴的结构性功能特征。

首先，上位关联。主要体现在渊源性、包含性、指导性等层面，如国家安全、廉洁政治、人民权益、公平正义等价值范畴和“两个革命”、依规治党与依法治国、全面从严治党战略、党和国家监督体系、党风廉政建设和反腐败斗争等前置性范畴，对于建构和健全纪检监察范畴系统具有引领、包含、指导等关联功能。

其次，平层关联。主要体现在横向联系上，如纪检监察领域、纪法矛盾、纪检监察等纪检监察学蕴含的结构范畴，对于建构和健全纪检监察范畴系统具有相互促进、相互影响等关联功能。

再次，交叉关联。主要体现在纪检监察监督与人大监督、民主监督、行政监督、司法监督、审计监督、财会监督、统计监督、群众监督、舆论监督等纵横交叉的重要范畴层面，对于建构和健全纪检监察范畴系统具有贯通协调、整体发力等协同功能。

加强研究纪检监察关联范畴，有助于揭示和把握纪检监察现象本质，推动纪检监察学科体系研究、建设和发展，指导和推动实现纪检监察职责权能。

（四）当前需要突出关注和研究的若干重要关联范畴

1. 纪检监察范畴与“两个革命”范畴的关联性。

“两个革命”是指伟大社会革命和党的自我革命。“两个革命”重要思想是我们党的重大理论创新和鲜明的政治品格，伴随着党的创立和成长、壮大全过程，统一于实现中华民族伟大复兴的伟大社会革命。纪检监察机关是党内监督和国家监察的专责机关，以“两个革命”为上位范畴，随着纪检监察体制改革不断深化，党的纪律检查与国家监察有机融合，依规依纪依法履行监督执纪问责和监督调查处置职责，深度融入党的建设和国家治理领域，成为践行管党治党的自我革命和国家治理的社会革命的重要力量。

2. 纪检监察范畴与全面从严治党范畴的关联性。

全面从严治党是党的十八大以来以习近平同志

为核心的党中央抓党的建设的鲜明主题。纪检监察机关以全面从严治党为上位范畴，在全面从严治党战略布局中居于监督专责的政治地位和纪法定位，应当从处理主责与专责、内部与外部、分工与协作、监督和激励、力度和效果、律己与律人等关联层面入手，发挥全面从严治党重要力量的引领、保障等作用。

3. 纪检监察范畴与党和国家监督体系范畴的关联性。

党和国家监督体系是党在长期执政条件下实现自我革命的重要制度保障，是党和国家必须长期坚持的一项重要制度。纪检监察范畴隶属于党和国家监督范畴，以党和国家监督体系为上位范畴，按照党和国家监督体系运行要求，科学运用敢于监督、善于监督、创新监督等方式，认真落实对“关键少数”的监督和全面从严治党责任制度，发挥集中统一的制度优势，推动完善党内监督体系，健全制度机制，完善权力配置和运行制约机制，使党内监督和党外监督各项监督制度更加顺畅有效运转起来，实现各类监督衔接协同，增强权力监督和治理的协同性、有效性。

4. 纪检监察范畴与党风廉政建设和反腐败斗争范畴的关联性。

按照范畴论原理，党风廉政建设和反腐败斗争集党的性质、党的事业、党的领导、党的权力、党的作风、党的纪律，以及廉政建设和反腐败斗争等范畴于一体，是由多范畴组成的综合有机体，并非一个简单范畴。纪检监察范畴与党风廉政建设和反腐败斗争范畴紧密关联，纪检监察机关以党风廉政建设和反腐败斗争为主责主业，是开展党风廉政建设和反腐败斗争的专门力量，应当立足职责权能，提高政治站位，强化政治责任，深化对管党治党规律、党风廉政建设和反腐败斗争规律的认识等，不断提高一体推进不敢腐、不能腐、不想腐的能力、水平和效果。

对纪检监察学范畴系统的研究和建构，是有效促进纪检监察学科体系建设乃至纪检监察理论和实践创新发展的一项重要基础性工作，必须坚持以习近平新时代中国特色社会主义思想为指导，紧密结合纪检监察机关监督执纪执法实际，汲取关于权力监督和制约等人类社会一切优秀、合理的文明成果，从而有力推动建构科学完备的纪检监察学范畴系统和中国特色纪检监察理论体系，不断增强纪检监察工作服务和保障“国之大者”、推进中国式现代化建设的实际效能。

（原载《大学与学科》2023 年第 3 期）

纪检监察学纪法原理

纪检监察学纪法原理是纪检监察学的重要组成部分，是建构纪检监察理论体系的重要基石以及推进纪检监察学科建设的重要范畴。当前，加强研究纪检监察学纪法原理及其纪法关系、纪法思维、纪法认识与纪法认定等核心要素，对于推动建构中国特色纪检监察理论体系，促进纪检监察学科建设，不断提高纪检监察机关规范化、法治化、正规化水平和高质量履职能力，推进新征程纪检监察工作高质量发展，为以中国式现代化全面推进强国建设、民族复兴伟业提供坚强保障等具有重要意义。

二十届中央纪委三次全会强调，积极稳妥推进纪检监察学科建设。[①] 纪检监察学纪法原理是纪检监察学的重要组成部分，是建构中国特色纪检监察理论体系的重要基石以及推进纪检监察学科建设的重要范畴。当前，随着纪检监察体制改革不断深化，纪检监察理论内涵发生历史性变革，面对不断出现的纪检监察理论和纪检监察工作实践新情况新问题，迫切需要从理论上作出回应，尤其是建构和运用纪法原理，提升纪法贯通协同能力。加强研究纪检监察学纪法原理及其纪法关系、纪法思维、纪法认识

---

① 李希：《深入学习贯彻习近平总书记关于党的自我革命的重要思想　纵深推进新征程纪检监察工作高质量发展——在中国共产党第二十届中央纪律检查委员会第三次全体会议上的工作报告》，载《人民日报》2024 年 2 月 26 日。

与纪法认定等核心要素，对于促进纪检监察学科建设，提升纪检监察理论水平，有力指导纪检监察工作不断提高规范化、法治化、正规化水平和高质量履职能力，推进新征程纪检监察工作高质量发展，为以中国式现代化全面推进强国建设、民族复兴伟业提供坚强保障[①]等具有重要意义。

一、纪检监察学纪法原理内涵结构分析

（一）纪检监察学纪法原理的基本内涵

从理论和逻辑上讲，纪检监察学纪法原理属于原理范畴。所谓原理，意味着一个事物所包含的最基础、最根本的道理，通常指科学的某一领域或部门中具有普遍意义的基本规律，并据此可以推演出各种具体的定理、命题等，从而对有关理论的认识和发展及进一步的实践起指导作用。[②] 从内涵上讲，纪法原理具有多重含义。纪检监察学领域的纪法原

---

① 《中国共产党第二十届中央纪律检查委员会第三次全体会议公报》，载《人民日报》2024 年 1 月 11 日。

② 《辞海》（缩印本），上海辞书出版社 2010 年版，第 2343 页。

理属于纪检监察学范畴，是指运用纪法手段进行纪检监察领域管党治党、治国理政具体实践具有普遍意义的基本规律。

通过对纪检监察学纪法原理定义的分析可知：

第一，这里的纪法是指纪律和法律一体融合、贯通发力，实现 1+1>2 治理效能的纪法衔接、纪法融合协同、一体发力等机理。

第二，纪法原理具有宽泛的意义，涵盖党的组织、宣传、统战、纪检以及法治国家建设、依法行政、国家监察等诸领域。

第三，纪检监察学纪法原理是关于纪检监察领域纪法现象及其运行的基本理论，并对纪检监察领域纪法理论的认识和发展及进一步的纪检监察工作实践起指导作用。

第四，纪检监察领域的纪法理论，在其内涵上体现为纪检监察领域监督与被监督矛盾运动的基本规律；在纪检监察领域的实践上，体现为运用纪法手段认识和处理纪检监察领域监督与被监督的矛盾和问题等管党治党、治国理政具体活动；在纪检监察学纪法原理上体现为从纪检监察职责权能及其行使等实际出发而形成的纪法理论和纪法实践有机统一体。

第五，纪检监察领域监督与被监督矛盾属于矛盾范畴，同样具有同一性和斗争性两种基本属性。在同一性方面，体现为监督与被监督矛盾双方相互联系、相互吸引、相互贯通等性质和趋势，如开展政治监督、日常监督、以案促改促治中的监督者与被监督者之间，具有政治目标、方向一致性和督促、推动及协同、贯通发力等同一性的矛盾属性；在斗争性方面，体现为监督与被监督矛盾双方相互分离、相互排斥等性质和趋势，并具有内容的丰富性和形式的多样性，比如执纪审查与对抗组织审查之间，具有对抗、相互排斥、相互对立等性质和趋势。

（二）纪检监察学纪法原理的要素、结构和功能

纪检监察学纪法原理的要素、结构与功能，包

含纪检监察学纪法原理的全部内容，是认识纪检监察学纪法原理的一把钥匙。

首先，关于纪检监察学纪法原理要素。这里的要素是指构成纪法原理的必要因素，从逻辑上可分为三个层面：一是思想方法要素，比如纪法意识、纪法思维、纪法素养等要素；二是纪法认识要素，比如纪检监察领域监督与被监督矛盾、纪法关系、纪法认识和纪法认定等要素；三是纪法实践要素，比如纪检监察职责权能及其行使、监督执纪问责和监察调查处置、政治生态建设、治理效能等要素。纪法原理作为一个系统，诸要素之间相互联系、相互作用、相互制约。其中，纪法关系、纪法思维、纪法认识和纪法认定是纪法原理的核心要素，构成纪检监察学纪法原理的基础内核。从纪法关系层面讲，对于纪法现象的性质及其规律进行清晰全面的认识，以什么样的内容和形式反映纪法现象及其运动的方向，实现纪检监察领域管党治党、治国理政等党和国家意志。从纪法思维、纪法认识和纪法认定层面讲，以什么样的哲学方法论，认识和反映纪法现象及其运动规律。从纪检监察实践层面讲，在纪法关系和纪法思维、纪法认识、纪法认定理论指导下，如何对纪检监察实践中发生的案、事、人等监督事项和监督对象进行认定处置。

其次，关于纪检监察学纪法原理结构。所谓纪检监察学纪法原理结构是指纪法原理要素之间具有稳定性、整体性、有序性等建构关系。研究了解纪法原理的内涵要义和功能机理，首先应当搞清楚纪法原理的结构。纪法原理是一个系统，需要从整体上加以认识。整体大于部分之和，决定了纪法原理结构诸要素之间的关系的重要性。把握了纪法原理要素之间的关系，就把握住了纪法原理的结构特征。

再次，关于纪检监察学纪法原理功能。所谓纪检监察学纪法原理功能是指纪法原理及其运行的功效、能力和作用。换言之，这是指纪检监察学纪法原理作为一个系统对外产生影响的能力。构成纪检监察学纪法原理结构的诸要素，在排列次序、结构组合上的特定性决定了纪检监察学纪法原理功能的独特性。

从整体看，纪检监察学纪法原理要素、结构、功能之间具有内在联系，其中纪检监察学纪法原理要素是前提，没有纪检监察学纪法原理要素，纪检监察学纪法原理作为一个系统和整体就将不存在。纪检监察学纪法原理结构是关键，决定纪检监察学纪法原理的功能。纪检监察学纪法原理功能由纪检监察学纪法原理结构所决定，包含纪检监察学纪法原理要素和纪检监察学纪法原理结构等内容。

（三）研究纪检监察学纪法原理的意义和作用

从目前看，对于纪检监察学纪法原理的专题研究刚刚起步。随着纪检监察体制改革不断深化，全面系统建构乃至完善纪检监察学纪法原理，对于科学认识纪检监察领域监督与被监督矛盾运动及其规律，精准稳慎有效处置和解决作为矛盾运动实践载体的纪检监察机关监督、办案、整改、治理等纪检监察活动以及监督对象的配合或者对抗活动，建构中国特色纪检监察理论体系和纪检监察学科体系，不断提高纪检监察工作正规化、规范化、法治化水平和高质量履职能力等具有重要意义。

首先，有利于指导认识、处置和解决纪检监察工作实践问题。纪检监察体制改革之后，执纪执法实践中遇到许多新情况新问题，既需要实践中积极探索，更需要理论上作出回应。纪检监察学纪法原理是认识、处置和解决纪检监察工作实践问题的理论依据，对这些实践问题包括纪检监察规范建设以及对纪定事实、法定事实的认识认定处置。深入研究纪检监察学纪法原理，有利于加强指导对纪检监察工作实践问题的分析、处置和解决，提升纪检监察工作水平和监督治理效能。

其次，有利于指导推动建构纪检监察理论体系。纪检监察学纪法原理涉及面广，尤其是推动纪检监察学科建设，既涉及纪检监察职责权能设定及其运行、纪检监察制度建设和完善乃至纪检监察理论拓展，又涉及纪检监察价值观建构等诸要素，对于推动纪检监察学科建设、提升纪检监察理论品格等具有直接的指导作用。

再次，有利于指导推动新征程纪检监察工作高质量发展。实现纪检监察工作高质量发展，离不开高质量的纪检监察制度体制机制、纪检监察政策、纪检监察理论等诸多要素保障。加强研究纪检监察学纪法原理，对于推动纪检监察领域高质量立规立纪立法、监督执纪执法，增强新征程纪检监察工作质效等具有重要作用。

二、关于纪检监察学纪法关系

纪检监察体制改革以来，纪检监察工作进入纪法贯通、党内监督和国家监察一体两面的新时期。纪检监察学纪法关系是对纪检监察领域纪法现象及纪法原理的反映，是纪检监察学纪法原理的一大核心要素。目前，纪法关系已经被纳入党的纪律学理论研究范畴，作为党的纪律学一个重要研究对象。从更宽广视野看，纪法关系涉及党的执政和国家治理诸领域，为管党治党和治国理政提供纪律管控、法律治理十分丰富并有效的手段方法，对于推动党和国家事业发展、确保党长期执政和国家长治久安等至关重要。这里的纪法关系，特指纪检监察领域的纪法关系，涉及纪律与法律两个层面，蕴含在纪检监察领域纪法现象运行之中。纪法关系是研究纪检监察学纪法原理的基础和逻辑起点。

（一）纪检监察学纪法关系的基本内涵

从历史发展看，纪检监察工作曾以党内监督和行政监察为主业。实行纪检监察体制改革之后，传统的纪检监察体制和纪检监察工作职责权能等发生了历史性变革。纪检监察机关不仅负责对违反党纪和政务违纪问题的监督执纪问责处置，而且负责对职务违法和职务犯罪的监督调查处置，并要求纪检监察机关同检察机关、审判机关等遵循和履行的司法程序进行有效衔接。这些新体制新模式，推动纪检监察工作规则、程序、措施、做法及要求等发生重大变革，尤其促使纪检监察机关履职实践中的法治元素和法治权重骤增，从而促使研究纪法关系的紧要性、必要性提到议事日程。从理论和逻辑上讲，所谓纪法关系是指纪检监察机关与监督对象之间，由纪检监察规范所调整的以违规、违纪、职务违法和职务犯罪等监督事项的纪定事实或者法定事实为依据，而产生、变更、消弭的组织处理处分、纪律处分、政务处分、刑事处罚等总和。通过对纪法关系定义的分析可知：

1. 纪法关系是一种政治关系。

这里的政治关系是指围绕纪检监察权力及其行使而形成的一系列关系体系，由纪检监察领域诸多错综复杂的政治因素组成，是监督与被监督矛盾的政治反映。从理论和逻辑上讲，纪法关系随着党和国家形势发展而发展变化，具体表现为纪检监察领域监督与被监督矛盾及其运动中各种政治现象之间的联系，比如党与党组织、党员干部的关系，国家与公职人员的关系，纪检监察机关与其他党和国家机关的关系，中央纪委国家监委与地方各级纪委之间的关系，等等。纪法关系作为一种政治关系，针对的是特定对象，包括党组织、党员干部和行使公权力的公职人员。党组织、党员干部和公职人员都处在一定的政治关系中，比如遵纪守法、接受监督、执纪审查、审查调查、处理处分或者纪法意识淡漠、责任落实不力、担当精神不强，以及一些领域体制机制不畅、制度不健全、制度执行不力等，都包含政治关系，并涉及政治忠诚、政治安全、政治责任、政治立场、政治生活、政治文化等诸方面。

2. 纪法关系是一种认定关系。

纪法关系的运行，最终必须落实到具体人、具体事，换言之，这是指具体的监督对象、具体的监督事项以及具体的相关履职活动。对监督对象和监督事项、履职活动的分析和认定，以纪检监察领域发生的违规、违纪、职务违法和职务犯罪等纪法问题的纪定法定事实和纪法证据为依据，并由纪法规范进行调整。这里的纪法问题，既包括违规、违纪、职务违法和职务犯罪等纪法案件，又包括纪检监察干部对被监督者进行教育、日常监督，对党组织开展政治监督、巡视等履职活动。这里的纪法规范，又称纪检监察制度规范，是指与纪检监察机关履职相关的制度规范、纪律规范和法律规范，这是直接调整纪检监察领域监督与被监督矛盾并对监督对象要求做什么、可以做什么、禁止做什么等行为规则。从理论和逻辑上讲，纪法规范反映党和国家意志，取决于一定社会的政治结构、经济结构和文化元素等时代条件和历史背景，通过党和国家包括每一个党组织、党员干部、公职人员自觉或自然的实践过程而形成。

3. 纪法关系是一种责任关系。

这里的责任关系是指党和国家对监督对象依规依纪依法运用组织处理、处分和纪律处分、政务处分、刑事责任追究等责任的认定处置关系，具体包括政治责任、纪律责任或党纪责任、政务责任、刑事责任等。通常而言，政治责任、纪律责任、政务责任、刑事责任紧密相关，既有单独适用的情形，也有合并适用的情形。对同一种行为，既可能承担一种责任比如政治责任、纪律责任、政务责任、刑事责任中的一种，也可能同时承担两种责任比如纪律责任和政务责任、纪律责任和刑事责任、政务责任和刑事责任，还可能同时承担政治责任、纪律责任、政务责任、刑事责任等。对于纪法关系运行中责任的认定和处置，可从以下层面进行理解和把握：

（1）政治责任。政治责任通常由党纪国法作出规定，是指政治主体特定的行为规范和要求及其失职失责所应承担的责任，包括主体责任、监督责任、领导责任等。现代政治是责任政治，要求从政者对从政行为和从政结果负责。政治责任的追究具有政治特性和政治要求，比如党内问责。所谓党内问责，问的是党组织和党的领导干部的政治责任，追究党组织和党的领导干部在党的建设、党的事业中违反党章和其他党内法规，不履行或者不正确履行职责所应承担的政治责任，具体由党委（党组）、纪委、党的工作机关负责，分两种情形：一是对党组织的问责，采取检查、通报、改组等方式；二是对党的领导干部的问责，采取通报、诫勉、组织调整或者组织处理以及纪律处分等方式。

（2）纪律责任，又称党纪责任。纪律责任由党章党规等作出规定，主要指违反党纪所应承担的责任。根据纪律处分条例规定，违纪行为分为违反政治纪律的行为、违反组织纪律的行为、违反廉洁纪律的行为、违反群众纪律的行为、违反工作纪律的行为、违反生活纪律的行为。比如，《中国共产党纪律处分条例》（以下简称《纪律处分条例》）分则对党组织和党员划出政治纪律“红线”，主要分八类 28 条。按照《纪律处分条例》第 63 条规定，对抗组织审查属于违反政治纪律的行为。[①]

（3）政务责任。政务责任属于法律责任，由政务处分法等法律法规作出规定，是指实施职务违法所应承担的法律责任。按照《中华人民共和国公职

---

① 李希：《深入学习贯彻习近平总书记关于党的自我革命的重要思想 纵深推进新征程纪检监察工作高质量发展——在中国共产党第二十届中央纪律检查委员会第三次全体会议上的工作报告》，载《人民日报》2024 年 2 月 26 日。

人员政务处分法》有关规定和纪法衔接原理，对职务违法行为的规定与纪律处分条例相对应，公职人员违法行为大致可分为六类，包括违反政治要求的违法行为、违反组织要求的违法行为、违反廉洁要求的违法行为、损害群众利益的违法行为、亵渎工作职责的违法行为、违反公职人员道德要求的违法行为。对政务责任的追究，由监察机关负责，按照《中华人民共和国公职人员政务处分法》《事业单位工作人员处分规定》等相关法律法规进行，相对应的是政务处分。

（4）刑事责任。刑事责任属于法律责任，由国家法律法规作出规定，是指实施职务犯罪等所应承担的法律责任。按照刑法、监察法及监察法实施条例等规定，纪检监察机关管辖贪污贿赂、滥用职权、玩忽职守、权力寻租、利益输送、徇私舞弊以及浪费国家资财等 101 种犯罪。对刑事责任的追究，由监察机关和司法机关负责，实行纪法贯通、有效衔接司法，相对应的是刑事处罚。

此外，纪法关系属于历史范畴，内在蕴含以纪法关系产生、变更、消弭为核心内容的发展变化规律，并随着时代条件发展变化和特定历史背景而变化。

（二）纪法关系主体、内容和客体

纪法关系由全面从严治党体系、党和国家监督制度所决定，包含主体、内容、客体及其产生、变更、消弭等建构要素。纪法关系的主体、内容和客体，理论上称为纪法关系本体结构。所谓纪法关系本体结构，是指纪法关系主体、内容、客体诸要素及相互作用并反映纪法关系本质、功能和规律的构成关系。纪检监察工作实践中，可从以下方面加以把握和运用。

首先，纪法关系主体。包括监督者和被监督者，蕴含在纪检监察领域监督与被监督矛盾运动之中。

第一，监督者。监督者是指由党章、其他党内法规和国家法律等赋授监督职责权能的党和国家机关等，包括：一是党内监督主体。具体分为三种类型，包括党组织，即党中央、各级党委或党组、党的工作部门和党的基层组织、巡视巡察机构；监督专责机关，即中央纪委和地方各级纪委及派驻派出纪检监察组、纪检监察工作委员会和纪检监察专员；中国共产党党员。二是监察主体，包括国家监委和地方各级监委及其派驻或者派出的监察机构、监察专员。三是日常监督管理单位，即被监督者所在机关、单位等。

第二，被监督者。包括监督事项和监督对象。监督事项源自监督对象，两者紧密联系、互为一体。其中，监督事项包括违规、违纪、职务违法、职务犯罪等；监督对象包括党组织、党员干部，以及行使公权力的公职人员，即监察法规定的“六类主体”。

其次，纪法关系内容。具体包含：一是监督者依规依纪依法行使纪检监察权力；二是监督对象作为违规、违纪、职务违法、职务犯罪等行为人所应承担的组织处理、处分以及纪律处分、政务处分和刑事责任等责任追究及其具体的责任。

再次，纪法关系客体。所谓纪法关系客体，由党和国家监督体系制度所规定，是指对违规、违纪、职务违法、职务犯罪等行为人所应承担的处理、处分、处罚所指向的对象。

第一，物品。以物品作为客体的纪法关系，比如《纪律处分条例》第 52 条规定的制作、贩卖、传播第 50 条、第 51 条所列内容之一的报刊、书籍、音像制品、电子读物，以及网络文本、图片、音频、视频资料等行为。

第二，言论。言论是指纪法关系所调整的行为主体特定言论。以言论作为客体的纪律关系，比如《纪律处分条例》第 51 条规定的通过网络、广播、电视、报刊、传单、书籍等，或者利用讲座、论坛、报告会、座谈会等方式，妄议党中央大政方针、破坏党的集中统一的行为等；第 59 条规定的制造、散布、传播政治谣言，破坏党的团结统一的行为；第 60 条规定的擅自对应当由党中央决定的重大政策问题作出决定、对外发表主张的行为。以言论作为客体的法律关系，比如触犯刑法第 246 条（侮辱、诽谤），依法移送司法机关追究刑事责任等。

第三，人身。以人身作为客体的纪法关系，比如《纪律处分条例》第 127 条关于“遇到国家财产和群众生命财产受到严重威胁时，能救而不救的”行为，刑法第 238 条关于非法拘禁行为，以及由此涉及违纪者、违法者利益的具体体现，比如党的纪律检查机关对违纪者作出警告、严重警告、撤销党内职务、留党察看、开除党籍等处分，司法机关对违法者追究刑事责任、判处刑罚等。

第四，财产。以财产作为客体的纪法关系，比如《纪律处分条例》第 97 条规定的“收受可能影响公正执行公务的礼品、礼金、消费卡（券）和有价证券、股权、其他金融产品等财物的”行为和刑法第 385 条第二款关于不上交的回扣、手续费及其刑事处罚等规定，以及由此涉及违纪者利益的具体体现，比如党的纪律检查机关对这些财产进行追缴、没收等。

第五，精神利益。这里的精神利益包括人格权、名誉权以及著作权、发明权等知识产权。以精神利益作为客体的纪法关系，比如《纪律处分条例》第59条第二款规定的政治品行恶劣，匿名诬告，有意陷害或者制造其他谣言，造成损害或者不良影响的行为；第86条第二款规定的弄虚作假，骗取职务、职级、职称、待遇、资格、学历、学位、荣誉、称号或者其他利益的行为，以及党组织和党的纪律检查机关、监察机关等纪法关系主体对上述行为所作纪律处分、组织处理或者刑事处罚等。

（三）纪法关系运行机制

所谓纪法关系运行机制，是指纪法关系产生、变更、消弭的互动发展和客观反映过程。从本质特征看，纪法关系的产生、变更、消弭既凸显纪律规范运行规律，又包含法律规范运行规律，并体现在纪律和法律有机融合、贯通发力等纪法关系的运行规律之中，主要包含以下环节和要素。

1. 纪法关系产生机制。

主要包含以下环节和要素：

首先，纪法规范。纪法规范是纪法关系产生的制度条件，从具体的人、事、案等案事例中提炼出来，但不针对特定的具体的人、事、案。纪法规范是纪法关系具体化实践化确定化的基本依据，并且在宏观上为纪法关系的产生提供确定性，在微观上为具体的纪法关系产生提供依据和条件。

研究把握纪法规范，对于从理论上探寻纪法关系因哪些纪法规范的制定或者调整而产生，以及如何建立纪法关系等具有重要意义。比如，纪法规范规定哪些行为是出轨、越轨、违规和禁止以及违规、违纪、职务违法和职务犯罪等具体行为的纪法责任，一旦颁布施行即宣告党和国家生活的纪律规矩和法律底线等模式、规则和要求。这意味着，任何党员干部或者公职人员，一旦触犯具体的纪法规范，便与党和国家之间形成纪法规范所规定的纪法关系。比如，《纪律处分条例》第 55 条第二款规定“充当政治骗子的”行为，使违纪的监督对象与党作为监督者之间形成纪律上的纪法关系，或者称纪律关系。

其次，纪法事实。纪法事实是纪法关系产生的事实条件。研究分析和把握纪法事实，对于从理论上探寻纪法规范所规定的引起或者产生纪法关系的纪法事实，用以解答监督执纪执法实践中因哪些事实的发生而使纪法关系产生等具有重要意义。

纪检监察工作实践中需要注意的是，纪法事实包括违规、违纪、职务违法、职务犯罪等事实，往往都是已经发生的，并且纪法事实发生的时间久远程度不一。监督执纪执法活动的目的，就是对过往的违规、违纪、职务违法、职务犯罪等事实进行恢复、复原，还其本来面目。具体的措施、途径和依据，就是收集纪法证据，通过纪法证据来证明违规、违纪、职务违法、职务犯罪等纪法事实。由于人的记忆等因素的影响，时间越长、记忆愈模糊。无论是被监督者本人还是相关证人，概莫能外。正因如此，无论是监督、执纪还是执法，都强调必须坚持实事求是、客观公正，严格依规依纪依法，推动精准定性量纪执法。做到这一点，对于实现纪检监察机关高质量监督至关重要。

再次，纪法关系产生的逻辑机理。主要把握以下要领：第一，纪法规范为纪法关系的产生提供可能性，但单凭纪法规范尚不足以产生纪法关系；第二，纪法事实是纪法关系产生的充分必要前提，为纪法关系的产生提供现实性；第三，纪法关系产生是客观存在的，不以人的意志为转移。

对纪法关系的认识，是对纪检监察领域监督与被监督矛盾客观存在的主观反映，属于存在与思维的关系范畴。对此，应当正确认识和处理，不能颠倒两者的顺序关系。比如，纪法罪、监督执纪执法实践、党内政治生态、国家治理效能等，属于客观存在；纪律建设思想、法治思想、国家治理理论、“四种形态”等，属于意识现象。前者第一性，后者第二性，顺序不能颠倒，如果搞颠倒了，就会犯主观主义错误，监督执纪执法活动及其质量效能等都将受影响。

2. 纪法关系变更机制。

纪法关系中，人、案、事件等监督对象和监督事项的复杂性，决定了纪法关系变更的独特性。理解和把握纪法关系变更机理，主要把握以下要领：

首先，纪法规范层面。纪法规范的变更，是纪法关系变更的制度条件。纪法规范经过立改废释途径，如果形成新的纪法规范，原有纪法关系便随之变化。比如，2023 年《纪律处分条例》将“搞劳民伤财的‘形象工程’、‘政绩工程’”行为，从 2018 年《纪律处分条例》第 117 条的违反群众纪律，调整到 2023 年《纪律处分条例》第 57 条的违反政治纪律，并在处分上明确从重或者加重处分。这个纪律规范的变化，对“搞劳民伤财的‘形象工程’、‘政绩工程’”行为的性质及责任进行了调整，对具体的纪法关系性质产生影响。

纪法规范变化后形成新的纪法规范，对于其生效施行之前发生的违规、违纪、职务违法、职务犯罪行为是否仍然追究相应的责任，在理论和制度规范上通常由溯及力原则所决定。比如，2023 年《纪律处分条例》第 158 条规定，条例自 2024 年 1 月 1 日起施行。按照溯及力原则，采取从旧兼从轻原则：第一，本条例施行前，已结案的案件如需进行复查复议，适用当时的规定或者政策。第二，尚未结案的案件，如果行为发生时的规定或者政策不认为是违纪，而本条例认为是违纪的，依照当时的规定或者政策处理。第三，如果行为发生时的规定或者政策认为是违纪的，依照当时的规定或者政策处理，但是如果本条例不认为是违纪或者处理较轻的，依照本条例规定处理。

其次，纪法事实层面。从实践看，主要把握以下几点：

第一，纪法事实变化。比如，行为人因违纪问题被执纪审查，该行为人与党作为监督者之间形成以纪律关系为内容的纪法关系。随着调查深入，纪检监察机关发现该行为人不仅违纪，而且涉嫌严重职务违法和职务犯罪问题，那么此前纪法关系随即发生变化，由原来以纪律关系为内容的纪法关系演化为纪律关系和法律关系兼具的纪法关系。对行为人不仅依规依纪追究其违纪责任，而且依法追究其职务违法的政务责任和职务犯罪的刑事责任。

第二，错罪数量变化。实践表明，对于纪法问题或者纪法罪案件的执纪审查和监察调查，行为人涉及违规违纪错误的数量以及涉嫌职务违法、职务犯罪的数量，都可能发生变化。这种变化，一旦成为客观存在的事实，行为人与党和国家作为监督者之间的纪法关系随即发生变化。比如，对行为人以受贿罪立案调查，随后发现行为人尚触犯违反政治纪律问题，那么之前的纪法关系随即发生变化，对行为人既要依规依纪追究其违纪责任，又要依法追究其受贿犯罪的刑事责任。

第三，错罪情节变化。从纪检监察政策执行层面讲，在适用“四种形态”中，认错认罪认罚的情节，对行为人处理的轻重程度具有重要影响。如行为人触犯职务犯罪，但认罪认罚态度好，依规依纪依法对其可以从宽处理，或者原先认罪认罚态度好、调查后期翻供等，原有的纪法关系也将发生变化。尤其要注意，如经调查发现错、罪不成立或者没有发现错、罪事实，原先的纪法关系随即发生变化等。

纪法关系变更的内在逻辑，主要把握以下几点：

一是纪法规范。纪法规范的变化，为纪法关系变更提供前提和条件，对原先的纪法关系具有重要影响。如《纪律处分条例》第 55 条第一款关于“搞投机钻营，结交政治骗子或者被政治骗子利用的”行为，这是新增规定，对具体的纪法关系变更具有前置性根本性影响。如果行为人触犯这个条款，就应按照这个条款进行纪律处分。

二是纪法事实。纪法事实的变化，对纪法关系变更具有重要影响。如对行为人以违纪立案，经调查发现存有职务犯罪事实，具体的纪法关系随即发生新的变更。

三是违规违纪等错误数量、犯罪数量等。错、罪数量发生变化，原先的纪法关系也随之变化。总之，纪法规范变化是根本前提，纪法事实和纪法情节是重要变量，三者统一于纪法关系运行中。

3. 纪法关系的消弭机理。

纪法关系的消弭或者消灭具有特殊性，由制度规范、纪律规范及法律规范等差异性所决定。对于纪法关系的消弭机理，主要把握以下要领：

首先，纪法规范层面。纪法规范的制定和变化，是纪法关系消弭的制度条件。

从纪律规范看，纪律规范没有规定追责时效，意味着任何党组织和党员干部在任何时候触犯纪律问题，一旦发现便随即追责问责。但纪律规范发生变化后，涉及纪法关系的消弭有其立法例，比如对纪律规范变化前的纪律规范所规定的违纪行为，如果新的纪律规范不认定为违纪，原先纪法关系则随之消弭。

从法律规定讲，刑法同纪律的规定有着明显区别，比如刑法规定追诉时效和行刑时效，对超过追诉时效的职务犯罪，不能追究其刑事责任；对犯罪人死亡、赦免或刑事责任已经执行完毕等情形，依法不能再追究其刑事责任。如刑法第 395 条第二款的隐瞒境外存款罪。监督中发现行为人在 5 年之前隐瞒在境外的存款数额较大，涉嫌隐瞒境外存款犯罪，但在发现的时候，行为人的隐瞒境外存款行为已经超过了法定追诉期，司法机关依法不能追究行为人隐瞒境外存款罪的刑事责任。

其次，纪法事实层面。纪法事实的发生和认定，是纪法关系消弭的事实条件。所谓事实条件，是指经调查发现行为人没有违规、违纪、职务违法和职务犯罪事实，或者原先认定的违规、违纪、职务违法和职务犯罪不成立等。这意味着，具体的纪法关系随之消弭，依规依纪依法不能追究行为人的纪法责任。

再次，纪法关系消弭的内在逻辑。主要把握以下要领：

第一，纪法关系的消弭，由纪法规范的制定和变化等所决定，其中纪律规范和法律规范之间具有明显区别，主要取决于纪法关系的特殊性。

第二，纪法关系的消弭，意味着纪法关系主体和内容的消弭，在纪律规范和法律规范层面有所不同。从纪律上讲，违纪、严重违纪的行为人如果死亡，纪检监察机关认为依规依纪仍需追究纪律责任的，可以追究其纪律责任；从法律规范讲，犯罪人死亡的，按照刑法规定不再追究其刑事责任。

第三，纪律处分、刑事处罚等执行完毕，具体的纪法关系随之消弭。其中，纪律处分执行完毕，并且影响期到期的，具体的纪法关系才能消弭。

4. 纪法关系与纪法罪诸要素之间的演化机理。

纪法罪诸要素是对违规、违纪、职务违法和职务犯罪的简称，是纪检监察机关的监督事项和纪检监察领域矛盾运动重要的实践载体，是纪法关系的基本范畴和纪检监察理论体系重要的元范畴。从实践看，纪法罪诸要素联系密切，并随着案情变化而变化。从危害性讲，违规、违纪、职务违法、职务犯罪危害党长期执政和国家政权安全的轻重程度，呈现出递进或者递减规律，这是纪检监察领域的特有规律。

实践中，要注意把握以下要领：

首先，纪法罪演化规律和依据。实践表明，违规、违纪、职务违法、职务犯罪既可能递进演化，也可能递减演化，主要依据在于纪法规范以及纪定事实和法定事实。

其次，纪法罪演化阶段。纪法罪演化的初始环节在于违纪，违纪的要求最高，是党员干部或者党组织、行使公权力的公职人员蜕化变质的第一关口。关口一旦失守，违纪就会逐渐向违法犯罪演化。违纪是行为人逐渐滑向变质、变色、变味深渊极为重要的阶段。坚持纪在法前、纪严于法，坚守遵纪守法重要关口，进一步养成在受监督和约束的环境中工作生活的习惯，有助于防止小错酿成大祸。对此，既取决于负有监督管理主体责任的违规行为人所在单位、部门及主要负责人等日常监督管理，又取决于担负监督专责的纪检监察机关日常监督，以及社会面的监督及正反两方面教育等。

再次，纪法罪处置与“四种形态”。“四种形态”是全面从严治党的政策策略，是全面从严治党实践的重要创新成果，着眼标本兼治，衔接纪法罪，一体推进“三不腐”，体现惩前毖后、治病救人的政策和策略。从功能属性看，认错认罚情节反映行为人的主观恶性大小，对“四种形态”的适用具有重要作用。

具体而言，纪法量度以及认错认罚情节，是对违规、违纪、职务违法、职务犯罪等性质变化产生影响的关键因素。实践中，应当坚持实事求是，统筹考虑、系统把握“四种形态”的运用，对违规、违纪、职务违法、职务犯罪问题，根据具体事实情况从宽或者从重处理，体现实事求是和惩前毖后、治病救人等原则和政策精神。

三、关于纪法认识、纪法思维和纪法认定的哲理基础及其内涵特征

纪法认识、纪法思维和纪法认定，是纪检监察

基础理论重要内容，也是纪检监察学纪法原理的核心内容，对于推进纪检监察学科建设、提升纪检监察理论指导力、推动纪检监察工作高质量发展等至关重要。

（一）纪法思维、纪法认识和纪法认定的哲理基础

1. 纪检监察领域监督与被监督矛盾运动的物质性。

马克思主义认识论认为，世界上形形色色的事物和现象都是物质的具体形态，世界的统一性，在于它的物质性。实践表明，纪法思维、纪法认识和纪法认定的基础和依据，在于纪法现象和纪法案件的物质性。从纪法现象及纪法案件形成机理讲，监督对象是纪法案件的基本主体，其中纪法案件以违规、违纪、职务违法、职务犯罪活动为核心形态，这些行为虽然受纪检监察机关监督对象的行为人意识所支配，但其本身是客观存在的，并且与监督事项具体内容相重合，是独立于纪检监察机关监督对

象意识之外而存在的客观现象。纪法案件是作为监督对象的人，为满足特定需要，在一定的时间、空间条件下，通过一定的行为方式或借助于一定的手段工具，实施违规、违纪、职务违法、职务犯罪等监督事项，危害党和人民利益，具有物质的、时间的、空间的属性以及物质运动的规律，并通过纪法案件聚集等形成纪法现象。

2. 纪检监察领域矛盾运动的特殊性和相对稳定性。

马克思主义哲学认为，世界的物质统一性，是以具体物质形态的差异性、丰富性和无限多样性等为前提。纪检监察活动以及监督对象的配合或者对抗活动，作为纪检监察领域矛盾运动的实践载体，其中以纪法案件为例，纪检监察领域矛盾运动实践载体以违规、违纪、职务违法、职务犯罪等纪法案件为重要硬核，其内部蕴含着违规违纪违法活动不同行为的差别以及违规、违纪、职务违法、职务犯罪等相同种类中不同个案的差别等特殊的矛盾。具体地说，应当认识到纪检监察领域矛盾运动的特殊性和相对稳定性，是纪法思维、纪法认识和纪法认定及其功能和目的之所以能够实现的客观基础和实践依据，也是纪检监察机关坚持具体情况具体分析，为纪法案件进行区别对待、差别化个别化处置提供理论依据。

3. 纪检监察领域矛盾运动的普遍联系性。

马克思主义哲学认为，联系是客观事物的固有属性，是不以人们的意志为转移的客观存在。所谓纪法思维、纪法认识和纪法认定活动中的联系，是指纪检监察领域监督与被监督矛盾运动诸要素之间的相互影响、相互作用、相互制约和相互依赖等关系。从功能属性讲，纪法思维、纪法认识和纪法认定活动中的联系，尤其是纪检监察活动内部和外部的各种联系，是纪检监察活动客观存在的基础，为纪法思维、纪法认识和纪法认定提供客观依据，从中可以查找和掌握纪检监察活动内在联系的规律，从而不断提高纪法思维、纪法认识、纪法认定的能力、水平和质量。

4. 纪检监察领域矛盾运动的可知性与唯物辩证法的指导性。

马克思主义哲学认为，世界是物质的，意识是对物质的反映，并且是实践基础上对客观世界的积极能动反映。纪检监察领域矛盾以及作为矛盾运动实践载体的纪检监察活动以及监督对象的配合或者对抗活动，都是物质运动的形式，是客观存在的，并且客观物质是可知的，不以人的意志为转移。纪法思维、纪法认识和纪法认定以马克思主义哲学为指导，积极能动认识和认定纪检监察领域矛盾运动以及作为矛盾运动实践载体的纪检监察活动以及监督对象的配合或者对抗活动的共性和特殊性，统筹运用人力、财力、物力、科技力等监督要素资源和监督执纪执法工具箱，不断增强专业化能力和监督治理效能。

总的来说，纪法思维、纪法认识和纪法认定，都是复杂系统工程，涉及社会科学和自然科学诸方面，尤其面对纪检监察领域矛盾运动规律和特点，唯物辩证法既可以帮助人们认识并认定纪检监察领域矛盾运动及其规律以及作为矛盾运动实践载体的纪检监察活动以及监督对象的配合或者对抗活动，又指导纪检监察队伍在纪检监察工作实践中自我改造和自我提高，不断增强监督的实际效能。

（二）关于纪法思维、纪法认识和纪法认定的内涵特征

1. 纪法思维的基本内涵。

纪法思维属于思维科学范畴，源于新时代管党治党和治国理政实践，是纪检监察领域一种独特的思维方式，涉及政治、经济、文化、历史、社会、科技等诸领域，既是理论问题又是实践问题。实践表明，纪检监察领域是纪检监察工作主战场，以监督为内核，集中体现在党内监督、国家监察和其他监督以及监督对象接受监督、对抗监督及其反作用等诸环节各方面，形成监督与被监督矛盾运动的集

散地。对于纪法思维内涵的界定，要聚焦纪检监察领域监督与被监督矛盾及其本质。

所谓纪法思维，是指思维主体以面对和揭示纪检监察领域监督与被监督矛盾的本质特征、外部和内部关系及其规律为主旨，采取哲学的考察、科学的探究、实践的检验等途经、措施和方式进行治党、管权、治吏，指导纪检监察工作规范化、法治化、正规化建设和科学有效防治腐败问题的认识过程和反映活动。

通过对纪法思维定义的分析可知：首先，纪法思维本质。其在于对纪检监察领域监督与被监督矛盾及其运动的反映活动和认识过程。其次，纪法思维主体。纪法思维的主体是监督者和被监督者，监督者主要是党组织、担负监督专责的纪检监察机关和纪检监察工作人员等；被监督者是接受监督的党员干部和公职人员等。再次，纪法思维的任务。纪法思维担负着双重任务，既体现在完善纪检监察理论体系层面，又体现在指导推进纪检监察工作规范化、法治化、正规化建设，服务于党的自我革命和治国理政伟大实践层面。此外，纪法思维的主要特征。纪法思维来自纪检监察领域监督实践，既是方法论又是实践论，具有鲜明的政治性、政策性、专业性和实践性。

2. 纪法认识的基本内涵。

所谓纪法认识，是指纪法认识主体对纪检监察领域矛盾和作为矛盾运动实践载体的纪检监察活动以及监督对象的配合或者对抗活动及其规律、特点、趋势等基本特性和内外关系的思维活动。

通过对纪法认识定义的分析可知：第一，纪法认识性质。从本质属性讲，纪法认识属于反映论、认识论和价值论范畴，是一种涉及纪法的思维活动。第二，纪法认识主体。纪法认识的主体是监督者和被监督者，监督者主要是党组织、担负监督专责的纪检监察机关和纪检监察工作人员等；被监督者是接受监督的党组织、党员干部和公职人员。第三，纪法认识对象。纪法认识的对象是纪检监察领域矛盾和作为矛盾运动实践载体的纪检监察活动以及监督对象的配合或者对抗活动。第四，纪法认识目的。纪法认识具有明确的目的指向，就是深入系统认识纪检监察领域矛盾和作为矛盾运动实践载体的纪检监察活动以及监督对象的配合或者对抗活动及规律、特点、趋势等特性和内外关系。第五，纪法认识主要特征。纪法认识担负着双重任务，是一般认识和具体认识的统一体，包括对纪检监察领域矛盾和作为矛盾运动实践载体的纪检监察活动以及监督对象的配合或者对抗活动等一般认识，以及对监督与被监督矛盾运动实践载体的纪检监察活动以及监督对象的配合或者对抗活动规律、特点、趋势等特性及内外联系的具体认识。

3. 纪法认定的基本内涵。

所谓纪法认定，是指纪法认定主体在履职活动包括监督办理纪法案件过程中，运用纪法规范、纪法事实证据材料对监督、办案、整改、治理等纪检监察活动等诸要素进行分析、辨别、区分，用以确认纪检监察活动包括监督、办理的纪法案件事实并依规依纪依法作出处理处分等具体的特定的思维活动。

通过对纪法认定定义的分析可知：

第一，纪法认定性质。纪法认定在性质上是一种思维活动，并且是纪检监察机关依规依纪依法履职过程中的纪检监察认知活动，属于反映论、认识论和价值论范畴。

第二，纪法认定主体。纪法认定主体是监督者和被监督者，监督者主要是党组织、担负监督专责的纪检监察机关和纪检监察工作人员等；被监督者是接受监督的党组织、党员干部和公职人员。

第三，纪法认定对象。纪法认定对象是纪检监察活动包括监督、办理纪法案件以及监督对象的配合或者对抗活动，比如违规、违纪、职务违法、职务犯罪等案件及其行为人。

第四，纪法认定目的和任务。纪法认定具有明显的价值取向和功能指向，在于运用纪法事实证据材料对监督、办案、整改、治理等纪检监察活动以及监督对象的配合或者对抗活动等要素，依规依纪依法进行辨别、区分，用以确认监督、办案、整改、治理等纪检监察活动以及监督对象的配合或者对抗活动及其所适用纪法规范，从而解决具体纪法案件的事实认定和处置问题。对被监督者来说，主要运用事实、证据和纪法规范等为本人或受委托人申辩、申诉或者为其他党员作证和辩护等。

4. 纪法思维、纪法认识和纪法认定的辩证关系。

纪法思维、纪法认识和纪法认定之间，既有联系又有区别，并相互作用和相互影响。在相互联系方面，它们都属于反映论、认识论和价值论范畴，旨在解决和处置纪检监察领域监督与被监督之间的关系问题。在相互区别方面，主要体现在以下层面：

第一，性质不同。纪法思维、纪法认识是过程，纪法认定是结果。纪法思维、纪法认识是通过纪法全要素信息，对纪检监察领域矛盾和纪检监察活动包括监督、办理纪法案件以及监督对象的配合或者对抗活动进行把握和揭示的纪法全要素信息加工过程；纪法思维以纪法认识为基础；纪法认识是对纪检监察领域矛盾和纪检监察活动包括监督、办理纪法案件以及监督对象的配合或者对抗活动进行把握和揭示的思维活动；纪法认定是对纪检监察活动包括监督、办理纪法案件以及监督对象的配合或者对抗活动全要素信息加工后形成的分析、认定和处置结果，属于认知范畴。

第二，生成途径不同。比如，纪法思维、纪法认识可以通过学习形成，纪法认定必须通过实践验证。又如，纪法认定既是纪法思维、纪法认识的结果又是纪检监察工作实践的结果，更重要的是纪检监察工作实践规律总结和纪法案件场景积累，没有实践支撑的纪法认定是粗浅的甚至是站不住的。

第三，功能属性不同。从纪检监察知识体系角度讲，纪法思维、纪法认识、纪法认定虽然均与纪检监察知识相关，但在功能及其属性层面则有所不同，比如纪法思维、纪法认识是对纪检监察知识获取的能力，纪法认定是对纪检监察知识实践应用的能力；纪法思维、纪法认识是对纪检监察知识的积累，纪法认定是对纪检监察知识的应用。

第四，相互作用和相互影响。比如，只有纪法思维、纪法认识，没有纪法认定，纪检监察知识无法落实到监督执纪执法具体实践中；只有纪法认定，没有纪法思维、纪法认识，纪法认定缺乏纪检监察知识支撑和基础。比如，实践中通过对大量乃至无穷大具体问题线索以及纪检监察机关开展政治监督、日常监督等履职活动包括监督办理纪法案件的认定处置实践，从中发现或查找纪法案件发生变化规律性认识，从而丰富纪法思维、纪法认识和纪法认定的内涵，增强纪法思维、纪法认识和纪法认定实际效能。

四、关于纪检监察职责权能及其实践运用

（一）把握纪检监察机关履职主体的特殊性和履职使命的特定性

纪检监察职责权能及其运行，内在反映了党的纪律检查与国家监察有机融合的内在逻辑和历史渊源。从职能属性层面讲，纪检监察机关是政治机关和全面从严治党的重要力量，面对新征程，应当立足纪检监察机关职责权能实际，提升纪法意识、纪法素养、纪法思维等能力，严格遵循党章和其他党内法规、监察法、监察官法及政务处分法等国家法律法规，依规依纪依法运用纪和法这“两把尺子”，深刻领悟“两个确立”的决定性意义，突出凝心铸魂深化拓展主题教育成果，突出“两个维护”深化政治监督，突出铲除土壤条件深化反腐败斗争，突出常态长效深化落实中央八项规定精神，突出严的基调深化党的纪律建设，突出政治定位深化巡视巡察，突出规范化、法治化、正规化深化纪检监察体制改革和制度建设，

突出发扬彻底自我革命精神深化纪检监察机关自身建设，[①] 将为推进中国式现代化建设提供坚强保障等作为神圣职责使命，并忠实履职尽责，为开创党的自我革命新局面作出不懈努力。

（二）推动纪检监察机关监督对象和监督事项从不确定到确定

按照马克思主义哲学原理，纪检监察机关监督对象和监督事项是纪检监察领域矛盾和作为矛盾运动实践载体的纪检监察活动以及监督对象的配合或者对抗活动，并且是不以人的意志为转移的客观存在，具有客观性、物质性和对象特定性等特点。由于纪检监察机关工作实践活动是一个不断发展的过程，比如从监督的方向、措施和手段等层面讲，纪检监察工作实践中收到的大多数举报材料所涉及问题案件线索信息，最初往往真相与假象交织，具有不确定性。纪检监察工作的重要任务，就是深入开

① 《中国共产党第二十届中央纪律检查委员会第三次全体会议公报》，载《人民日报》2024 年 1 月 11 日。

展政治监督、日常监督等履职活动，并对纪法问题线索及其性质进行分析判断。通过纪检监察工作实践，不断发现问题并解决纪法问题信息不对称不确定的问题，使纪法问题线索信息逐渐明朗，从而为纪检监察工作人员作出选定调查的方向、范围及采取措施手段等精准决策提供根据。

比如，从监督模式讲，纪检监察机关往往采取“由人到事”监督模式，但在少数情形下也采用以事立案、由事到人的监督模式，尤其对一些人员众多、涉及面广、案情复杂、罪错交织等纪法案件，最初责任认定、调查思路、方式手段运用等监督执纪执法活动，都将经历从不确定到确定的过程，从而对纪法认识和纪法认定实践活动带来影响和挑战。

（三）把握纪法认识和纪法认定的动态变化规律

纪检监察领域矛盾和作为矛盾运动实践载体的纪检监察活动包括办理纪法案件以及监督对象的配

合或者对抗活动，是物质的并且是运动的。其中，纪法案件诸要素以一定的物化形态不断运动，构成完整的纪法案件。纪检监察机关监督执纪执法活动，就是围绕纪检监察领域监督与被监督矛盾运动以及作为矛盾运动实践载体的纪检监察活动以及监督对象的配合或者对抗活动等诸要素及其运动轨迹进行。纪检监察机关和纪检监察工作人员对纪法问题线索的反映过程和认识活动，往往采用以动制动、不断变换思维程式和对策方法，从纪检监察领域监督与被监督矛盾和作为矛盾运动实践载体的纪检监察活动以及监督对象的配合或者对抗活动发展变化中，把握纪法问题线索的本质，增强监督执纪执法质量和效果。

具体地说，纪检监察机关监督对象和监督事项既表现为物的方面，又表现为人的方面。其中，在物的方面，比如行为人收受的礼品、贿赂等，都可能发生变化。在人的方面，比如，违纪违法行为人的习惯、嗜好、记忆等心理生理要素，将随着时间的推移而发生变化。又如，纪检监察工作人员的思维水平及其影响。纪检监察工作人员对于纪检监察领域监督与被监督矛盾和作为矛盾运动实践载体的纪检监察活动以及监督对象的配合或者对抗活动的认识和认定，往往深受其综合素质影响，比如有的善于研究纪检监察领域监督与被监督矛盾和作为矛盾运动实践载体的纪检监察活动以及监督对象的配合或者对抗活动变化态势，并据此调整思维程式、对策思路和监督方法；有的囿于习惯思维而难以精准捕捉纪法问题线索等动态变化信息，对于监督情势乃至一个地方或者单位的政治生态等的分析研判，往往滞后于纪检监察领域监督与被监督矛盾和作为矛盾运动实践载体的纪检监察活动以及监督对象的配合或者对抗活动发展变化态势，从而影响纪检监察工作质量乃至纪法效果。

深入研究纪法原理是一项全新课题，是加强纪检监察学科建设、推进纪检监察理论和实践创新发展的一项重要基础性工作，必须坚持以习近平新时代中国特色社会主义思想为指导，结合纪检监察机关监督执纪执法实际，推动纪检监察学纪法原理研究走深走实，不断积累纪检监察理论指导实践的新经验，为实现新征程纪检监察工作高质量发展增强理论支撑力、指导力和推动力。

（原载《中共中央党校（国家行政学院）学报》2024年第3期，中国人民大学复印报刊资料《中国共产党》2024年第11期全文转载）

附　录

适应新形势开辟纪检监察理论研究新境界

纪检监察机关作为党进行伟大自我革命的重要力量，在管党治党、治国理政伟大斗争实践中发挥着重要作用，一刻不能没有科学理论指引。随着纪检监察体制改革不断深化，纪检监察工作职责使命、任务内涵、理念思路、方式方法、工作格局、体制机制等发生历史性变革，监督执纪执法面临许多新情况新问题，迫切需要理论上作出回答。坚持以习近平新时代中国特色社会主义思想为指导，推动纪检监察理论研究走深走实走细，科学建构中国特色纪检监察理论体系，是我们亟须完成的基础性工作和时代课题。

理论维度：纪检监察理论研究的新使命新境界

纪检监察理论研究是纪检监察工作有机组成部分，是推动纪检监察工作高质量发展的基础支撑。纪检监察体制改革进一步深化，特别是推进党的自我革命并引领社会革命的新形势对纪检监察理论研究提出新课题。党的十八大以来，在以习近平同志为核心的党中央坚强领导下，深化国家监察体制改革取得重要阶段性成果，党对反腐败工作集中统一领导、纪委和监委合署办公等宏观层面改革已经完成。改革后的纪检监察体制运行以及快速发展的制度建设、监督实践等新形势，赋予纪检监察理论研究新使命新任务。

加强纪检监察理论研究，涉及管党治党、治国理政诸多新领域新范畴。比如，按照改革的顶层设计和发展模式，通过一体推进“三项改革”，从组织形式、职能定位、决策机制、制度运行、资源整合、功能联动、素能养成等系列要素配置、“强形铸神”诸环节各层面，对加强纪检监察理论研究提出新使命。比如，从制度理性层面包括依规治党为什么先于依法治国，纪法为什么分开，党内监督和国家监督为什么融合，中央纪委和国家监委为什么合署办公，如何把监督体系与治理体系对接起来，纪法贯通、法法衔接关系如何正确处理，党内法规和国家法律如何整合贯通、务实管用，全国纪检监察系统如何上下一体、有效协同，监督检查与审查调查职能为什么分设，执纪审查、监察调查如何遵循规律、科学设定措施手段，监督职责如何突破常规“补短锻长”，违规违纪、职务违法、职务犯罪、与身份有关的犯罪、违反道德操守等如何一体监督、统一精准认定和依规依纪依法处理等等，所有这些问题对纪检监察理论研究提出新课题。比如，从功能价值层面看，深化纪检监察体制改革旨在加强党的建设和党中央集中统一领导，深入推进全面从严治党、党风廉政建设和反腐败斗争，解决一些党组织和党员干部、行使公权力的公职人员纪法意识淡漠、责任落实不力、担当精神不强等突出问题，推动解决一些领域体制机制不畅、制度不健全、制度执行不力等突出问题，促进“四个全面”的有机统一，推动制度优势转化为治理效能等，对纪检监察理论研究提出新命题。再比如，从学科建设层面看，纪检监察学一级学科确立和发展，对纪检监察理论研究赋予新内涵新境界。

纪检监察理论来自于新时代管党治党、治国理政具有许多新的历史特点的伟大斗争。进入新时代，我国社会主要矛盾发生变化，这一变化关系全局，对党和国家工作提出新要求，尤其踏上实现第二个百年奋斗目标的新征程，对纪检监察工作及理论研究服务保障“三新一高”等“国之大者”提出新使命。在新形势下，纪检监察工作的职能职责、目标任务、格局方式、策略方法等新实践，为科学构建中国特色纪检监察理论体系提供机遇和动力。近年来，纪检监察理论研究逐渐升温并向前推进，但从总体看，仍滞后于全面从严治党取得历史性开创性成就、产生全方位深层次影响的生动实践。面对党的自我革命深入推进、党和国家监督体系不断完善、纪检监察实践快速发展等新态势，加强纪检监察理论研究愈益紧要，根本在于为纪检监察工作高质量发展提供理论支持，推进纪检监察工作规范化法治化正规化，确保新时代纪检监察工作在贯彻落实党的理论和路线方针政策上站得住，在坚持实事求是的思想路线和基本原则上站得住，在经受实践检验、人民检验和历史检验上站得住，使我们的工作更加符合时代需要，更加符合科学精神，更加符合人民群众根本利益，更加符合党长期执政的需要。

价值维度：纪检监察理论研究的时代意义

新形势下加强纪检监察理论研究，要善于从政治和全局的战略高度看问题、想问题，充分认识推动纪检监察理论研究的时代价值和意义作用，着重把握“三个紧要性”。

从政治紧要性上讲，根本在于捍卫“两个确立”，做到“两个维护”。党的十八大以来，全面从严治党成为新时代党治国理政的一个鲜明特征。习近平总书记站在党和国家事业发展全局的政治高度，着眼千秋伟业、纵贯两个百年、统揽“四个伟大”，作出一系列富有创建性的新时代党的自我革命和伟大社会革命重要论述，极大地丰富和发展了马克思主义建党学说和国家理论，带领中国共产党人开辟了百年大党自我革命的新境界。自我革命是我们党对于跳出治乱兴衰的历史周期率给出的第二个答案。这一重大政治论断，为党长期执政、开启向第二个百年奋斗目标进军的新征程提供了行动指南和真理伟力，对新时代纪检监察理论研究提出诸多十分重要的时代课题。纪检监察机关是党内监督和国家监察专责机关，在推进全面从严治党、党风廉政建设和反腐败斗争中居于重要地位、发挥重要作用，如何更加自觉把党的创新理论科学运用于建构中国特色纪检监察理论体系全过程，为纪检监察工作高质量发展提供理论支持，不断提升监督执纪执法的政治性、时代性、原则性和战斗性，充分发挥监督保障执行、促进完善发展作用，这是纪检监察实际工作者和研究者共同的政治责任。

从实践紧要性上讲，根本在于纪检监察机关胸怀“国之大者”，实现高质量监督，推动制度优势更好转化为治理效能。党的十八大以来，以习近平同志为核心的党中央运用审大势、观大局、抓大事的宏大战略思维系统谋划党和国家事业，特别是踏上新征程，党中央深刻洞察世情国情党情，着眼引领实现中华民族伟大复兴作出“三新一高”等重大战略部署，成为当前和今后一个时期的“国之大者”。在这个经济社会发展的历史大逻辑和大背景下，随着纪检监察体制改革不断深化，纪检监察机关管辖范围覆盖党员干部和“六类监察对象”并横跨规纪法诸领域的违规、违纪、职务违法和职务犯罪等监督事项，促使纪检监察工作既同党长期执政紧密相联，又深度融入国家建设和国家治理现代化领域。纪检监察工作如何紧密融入党和国家中心工作，并以什么样的方式方法把自己摆进去、衔接上、精准有效跟进监督，围绕现代化建设大局发挥纪检监察职能作用。面对大量纪法元素以及监督实践第一手丰富素材，亟须从理论上加强提炼和概括，客观上迫切要求我们从实际出发，以深度的忧患意识和强烈的担当精神，把纪检监察理论研究抓得更加深实，增强高质量监督的过硬本领和治理效能，这是最鲜明的实践主题和理论研究最紧要的职责使命。

从制度紧要性上讲，根本在于打铁必须自身硬，推进纪检监察工作规范化法治化正规化。习近平总书记强调，法规制度带有根本性、全局性、稳定性、长期性。纪检监察法规制度建设是一项系统工程，涉及管党治党和治国理政诸领域各方面。加强法规制度建设，事关党长期执政和国家长治久安。党的十八大以来，纪检监察法规制度建设取得重大成效，推动纪检监察体制改革和制度建设取得历史性成就，实现了依规治党和依法治国有机统一、党内监督和国家监察有机贯通融合等改革初衷。但必须看到，当前法规制度建设仍然存在的主体多元、单体制度量大分散、体系集成度低等问题，对纪检监察工作高质量发展产生影响。随着纪检监察体制改革进入新发展阶段，解决中观微观层面结构性矛盾的改革上升为主要矛盾，尚需做大量“二次创新”甚至多次创新工作，确保法规制度建设深耕细作、系统集成、协同高效各项任务仍然繁重。纪检监察理论研究如何能够从新的监督实际出发，以什么样的理论方法坚持实践导向、问题导向和需求导向，按照系统性、整体性、协同性原则，既着眼理论层面又着眼实践层面，打通纪与法在理念方法、机制功能等层面的制度性阻隔，把纪严于法、纪在法前、纪法贯通、法法衔接等原理、制度、政策诸要素作为重要范畴，促进新形势下纪检监察理论研究不断深化并指导纪检监察法规制度体系实现革命性重构，更好适应新征程对纪检监察法规制度供给的新需求，这是当前加强纪检监察理论研究最紧要的时代责任。

实践维度：纪检监察理论研究的策略方法

加强新时代纪检监察理论研究的路径，就是坚持以党的创新理论为指导，把理论研究一般规律同纪检监察理论研究的特殊性相结合，高质量践行纪检监察理论研究的新使命。

始终坚持科学理论指引。习近平总书记指出，“我国哲学社会科学应该以我们正在做的事情为中心”，“加强对党中央治国理政新理念新思想新战略的研究阐释，提炼出有学理性的新理论，概括出有规律性的新实践。这是构建中国特色哲学社会科学的着力点、着重点。”这些重要论述，为新形势下加强纪检监察理论研究指明了方向。加强纪检监察理论研究，必须坚持以习近平新时代中国特色社会主义思想为指导，以纪检监察实践为中心，围绕保证党长期执政和国家长治久安，坚持依规治党和依法治国有机统一，坚持和完善党和国家监督体系、推进国家治理体系和治理能力现代化等战略部署，精准把握构建中国特色纪检监察理论体系的着力点、着重点，加强研究阐释党中央治国理政新理念新思想新战略，结合实际提炼出有学理性的纪检监察新理论，概括出有规律性的纪检监察新实践，不断推进纪检监察理论学科体系、学术体系、话语体系建设和创新。这是我们工作尤其纪检监察理论研究必须遵循并长期坚持的政治原则和前进方向。

把握纪检监察理论体系要素。纪检监察理论体系作为中国特色纪检监察理论的完整性展现，涵盖纪检监察学科体系、学术体系、话语体系诸要素。纪检监察理论研究与学科体系建设既有区别又有联系，纪检监察学确立为一级学科，意味着纪检监察理论研究进入到前所未有的新阶段，将担负更重要的时代责任，必须深入贯彻落实习近平总书记和党中央、国务院关于深入推进学科专业调整升级等重大决策部署，提升理论研究的全局视野、战略层次和理论品格，促使纪检监察理论体系与学科体系要素研究一体推进、互联互动。纪检监察学科体系有其自身客观标准，通常包括纪检监察理学、史学、比较学、专门学等。从总体看，纪检监察学科体系研究尚处于起步阶段，需要强化措施推动研究工作，适应新时代全面从严治党、推进自我革命新使命新需求。

突出研究的着力点、着重点。纪检监察理论研究涉及诸多领域和方面，要把着力点、着重点聚焦于研究阐释党中央治国理政新理念新思想新战略，注重提炼新理论、概括新实践。一要凸显中国特色社会主义民主政治特质。党百年来始终不懈探索以伟大自我革命来推动党领导人民进行的伟大社会革命，从理论和实践上回答党自我革命的历史使命和成功密码，彰显鲜明中国民主政治特色，这是理论研究的政治基础。二要凸显中国制度之治独特性。从党内监督和国家监察的性质、对象和职责使命等具有叠加性的实际出发，深入研究纪检与监察融合发力等制度之治的体制建构及运行机理，这是理论研究的核心范畴。三要凸显新时代特质。新时代纪检监察体制是科学运用习近平新时代中国特色社会主义思想推动管党治党和治国理政取得的重大理论成果、实践成果和制度成果，这是理论研究的时代逻辑。

加强人才培养和阵地建设。以认真落实中央人才工作决策部署为契机，加快制定纪检监察理论人才建设计划，加强投入、优化政策、营造良好环境，培养造就一大批具有纪法意识、纪法思维、纪法素养等纪法理论研究和教育人才。加强阵地建设，整合纪检监察系统内部资源，强化同高等院校、研究机构及中央国家机关等外部协作，牢固占领纪检监察理论阵地，坚守管党治党和治国理政的意识形态高地，为纪检监察工作高质量发展营造良好理论环境和政治生态。

（原载《中国纪检监察》2022 年第 8 期）

以纪法思维推进纪检监察工作规范化法治化正规化

党的十九大以来，习近平总书记高度重视推进反腐败工作规范化法治化正规化，对做好新形势下纪检监察工作提出了新的更高的要求。随着纪检监察体制改革不断深化，纪检监察职责权能等制度内涵发生历史性变革，纪法思维、纪法贯通、纪法协同等要素权重在纪检监察领域日益加大。强化纪法思维，以自我革命精神增强认识和处理纪检监察领域监督与被监督矛盾的思维力指导力实践力，有助于把握纪检监察领域新情况、解决执纪执法实践新问题，提升纪检监察工作规范化法治化正规化水平，实现政治效果、纪法效果和社会效果有机统一，以高质量监督引领正风肃纪反腐不断开创新局面，更好服务保障经济社会高质量发展。

深刻认识加强规范化法治化正规化建设的内涵和意义

加强规范化法治化正规化建设，是新时代纪检监察工作高质量发展的内在要求和重要基础。规范化法治化正规化既是一个有机整体，又各有侧重。推进纪检监察工作规范化，坚持权限为本、规则为要、程序为基，紧密围绕纪检监察体制“三项改革”部署，在业已建构的纪检监察制度“四梁八柱”基础上运用立、改、废、释等措施方法，促使纪检监察工作规范、理念、实践和理论等全要素精细化，打造符合服务保障党的自我革命、实现第二个百年奋斗目标新征程要求的纪检监察体制机制，把纪检监察权力关进制度的笼子里，防止权力出界、越轨。推进纪检监察工作法治化，强化纪法意识、纪法思维、纪法素养，坚持所有监督执纪执法活动都应于规于纪于法有据，坚持以纪法事实和证据为依据、以党内法规和国家法律为准绳，构筑并加固纪律红线和法治底线，做到精准监督、依规执纪、严格依法。推进纪检监察工作正规化，坚持从纪检监察职责权能的实际出发，按照纪检监察领域矛盾运动规律和纪检监察工作特点，以实现高质量发展、把制度优势转化为监督治理效能为目标，把纪检监察工作指导思想、理念思维、职责权能、组织程序、效能责任等要素纳入规范化法治化轨道，形成统一规范、系统集成、协同高效又相对成熟定型的纪检监察体制，确保纪检监察职责权能高质量运用。

纪检监察工作规范化法治化正规化具有独特性，主要体现在以下方面。一是政治性。高质量发展是新时代纪检监察工作主题主线和重大政治任务，规范化法治化正规化作为高质量发展的内在要求，蕴含其所承载的鲜明政治特色和政治责任。二是原则性。规范化法治化正规化既是目标任务又是原则要求，必须贯穿于纪检监察工作乃至所有纪检监察活动全过程，成为高质量发展必须遵循的重要原则。三是实践性。规范化法治化正规化建设是具体的、实践的，旨在发挥对纪检监察工作的指导、规范和引领功能，并经实践检验进行必要的适应性调整，使之更好适应新时代纪检监察工作高质量发展新实践新需求。四是定型性。推进规范化法治化正规化建设，在于促使纪检监察制度更加成熟、定型，成为纪检监察实践活动必须遵循并有效运行的、相对稳定的纪检监察制度统一模式。五是系统性。推进纪检监察工作规范化法治化正规化作为一个有机系统，三者之间相互依存、相互影响、相互促进，规范化是基础，法治化是方式，正规化是根本，统一于新时代纪检监察工作高质量发展全过程。

加强规范化法治化正规化建设是做好新形势下纪检监察工作的一项重要政治任务，对于更好适应推进党的自我革命、全面从严治党新形势新要求等具有重要意义。从政治上讲，加强规范化法治化正规化建设是纪检监察机关聚焦“国之大者”，坚持一体推进“三不腐”，在深入推进新时代党的自我革命、全面从严治党伟大斗争中更好发挥监督保障执行、促进完善发展作用，更好适应高质量做好正风肃纪反腐各项工作、有力有效服务保障现代化建设大局的需要。从改革层面讲，深化国家监察体制改革根本在于健全党和国家监督体系，增强对公权力和公职人员的监督全覆盖、有效性，推进公权力运行法治化，推进国家治理体系和治理能力现代化。加强规范化法治化正规化建设，有利于把正风肃纪反腐与深化改革、完善制度、促进治理贯通起来，为新时代完善和发展中国特色社会主义制度、推进党的自我革命和全面从严治党发挥高质量监督的服务保障作用。从队伍建设要求讲，面对依然严峻复杂的反腐败斗争形势，“四个任重道远”对纪检监察工作和纪检监察队伍建设提出了新的更高要求。加强规范化法治化正规化建设，有利于促使纪检监察干部强化纪法思维，增强法治意识、程序意识、证据意识和专业化能力，更好适应坚定不移推进党风廉政建设和反腐败斗争新形势要求。

统筹把握强化纪法思维与规范化法治化正规化的辩证关系

把握纪法思维的内涵及特征。纪法思维源于新时代管党治党、治国理政的伟大斗争实践，涉及经济、政治、文化、社会、历史乃至科技等诸领域，既是理论问题又是实践问题。从纪检监察规律层面探究，纪检监察领域是纪检监察工作的主战场，集中体现为以监督为内核，在党内监督、国家监察和其他监督以及监督对象接受监督、阻抗监督等诸层面各环节，形成监督与被监督矛盾运动集散地，在具体形式上主要体现为违纪、职务违法、职务犯罪等纪检监察领域的政治问题和腐败问题。从理论上讲，所谓纪法思维是指坚持以习近平新时代中国特色社会主义思想为根本指导，以坚持依规治党和依法治国有机统一为基本原则，以思维主体面对和揭示纪检监察领域监督与被监督矛盾运动的本质特征、外部和内部关系及其规律为主旨，采取哲学的考察、科学的探究、实践的检验等措施、途径和方式，指导处理纪检监察工作规范化法治化正规化建设和科学有效防治腐败等纪法问题的认识过程和反映活动。从特征层面分析，纪法思维融合纪律管治与法律管控等监督治理功能，内在蕴含管党治党和治国理政的多重叠加功能，从根本上既区别于一般思维又区别于纪律思维、法治思维，但也非纪律思维和法治思维的简单组合。在定性上，纪法思维属于思维范畴，是思维主体面对纪检监察领域矛盾及其运动关系的理论与实践，借助纪法话语对党的自我革命道路、权力监督制度、执纪执法体系及其实践活动、监督治理效能等进行特有的思维活动。在分类学角度，纪法思维是思维的一种，具有多面性多样性，其中，体现在要素体系层面，结合党执政兴国、自我革命、纪法监督、治理效能等实际，纪法思维第一位要素是人的大脑，同时还包括思维主客体以及思维的目的、观念、形式、方式、方法、知识背景、话语体系等要素。

分析纪法思维的结构要素。一是思维主体。纪法思维主体具有多样性，包含党组织、纪检监察机关及其他党和国家机关、国有企业事业单位和依法从事公务的相关机构或单位及其工作人员等各类主体。二是思维依据。纪法思维活动必须坚持以习近平新时代中国特色社会主义思想为指导，以党内法规、国家法律、党和国家政策、党的优良传统习惯和规矩、社会主义道德操守等为依据，以监督与被监督矛盾运动及其关系为根据。三是思维对象。纪法思维对象的范围宽泛，包含人、权、事、案、责等诸要素，这里的人是指拥有并行使公权力的组织和个人；这里的权是指决策权、立法权、行政权、监察权、司法权等以及组织生产、分配、供给公共物品和公共服务等各种公权力；这里的事是指涉纪涉法的各类事件，包含全国性重大公共事件，以及各类事件背后与党员、公职人员相连的关联责任；这里的案是事的特定形态或特殊事件，具体是指违反党纪国法的违规、违纪、职务违法、职务犯罪以及违反道德操守等各类纪法案件，其背后连着行为人或与其相关的党员、公职人员的关联责任；这里的责是指拥有党员、公职人员身份或与行使公权力的职务活动相关的责任，包含政治责任、纪律责任或党纪责任、政务责任、刑事责任等，在具体追究时既可追究单一责任又可追究多项责任。此外，纪法思维对象还包括全面从严治党、党风廉政建设和反腐败斗争的方针方略、政策策略、措施方法和纪法制度等诸要素，并且各要素之间有机贯通、整合运用、同向发力，彰显新时代纪检监察制度及运行的鲜明中国特色。

认识和把握强化纪法思维对推进纪检监察工作规范化法治化正规化的重要意义。从实践创新看，国家监察体制改革之后，纪检监察机关在处理违纪、职务违法和职务犯罪等纪法案件的过程中，经常遇到纪律与法律交叉适用等新问题。从办案人员成分结构分析，当前占主体部分是改革前的纪检监察工作人员，熟悉了解纪律检查、行政监察业务，但相对缺乏司法基础；改革之后来自检察机关的部分纪检监察工作人员，熟悉了解检察司法业务，但相对缺乏纪检监察基础；此外，还有来自公务员考试、选调等途径的一部分，对纪检监察和司法检察业务均属阙如。实践表明，无论是哪部分力量，都需要补纪法思维这一课。强化纪法思维，打通纪法思维、纪法意识和纪法规范阻隔，把执纪和执法贯通起来，统筹运用纪法政策工具高质量办理纪法案件，这是推进纪检监察工作规范化法治化正规化对监督执纪执法实践的迫切要求。从制度创制看，通过强化纪法思维，一方面把纪严于法、纪在法前、纪法分开、纪法贯通、法法衔接、纪法双施双守、纪法治理等纪法思维核心要素融入规范化法治化正规化建设全过程；另一方面，将监督执纪执法实践中运用纪法思维认识新情况、有效解决新问题等经验举措吸纳到规范化法治化正规化建设中，提升纪法制度供给的规范化法治化正规化水平。从理论创建看，通过强化纪法思维，把纪法思维要素及运行原理与纪检监察职能定位、组织形式、决策程序、体制运行、功能联动等要素改革及规范化法治化正规化建设有机融合，创建适应新时代党的自我革命和伟大社会革命、全面从严治党和全面依法治国有机统一新实践新需求的科学的中国特色社会主义纪检监察理论体系，这是推进纪检监察工作规范化法治化正规化建设亟须解决的一项重大课题。

坚持把强化纪法思维
融入规范化法治化正规化建设

把强化纪法思维融入纪检监察工作规范化法治化正规化建设，是深化纪检监察体制改革、推进党内监督和国家监察深度融合、推动纪检监察工作高质量发展的内在要求。规范化法治化正规化建设是一项系统工程，涉及管党治党和治国理政诸领域，实质是推进适应服务保障现代化建设大局新要求的纪检监察制度现代化，重在把握以下环节。

坚持党的创新理论指引。一以贯之坚持学懂弄通做实习近平新时代中国特色社会主义思想尤其是关于新时代党的建设、自我革命、全面从严治党、党风廉政建设和反腐败斗争、坚持和完善党和国家监督体系、推进国家治理体系和治理能力现代化等重要论述重要指示重要要求，全面落实到强化纪法思维、推进纪检监察工作规范化法治化正规化建设全过程，不断提高政治判断力、政治领悟力、政治执行力，在纷繁复杂的监督执纪执法实践中明辨是非、把准方向，持续深化纪检监察体制改革，有力有效推动新时代纪检监察工作高质量发展。

把握新形势新任务。我国进入新发展阶段，发展理念、发展模式、发展道路等发生历史性变革。与此同时，当前腐败滋生土壤仍然存在，腐败和反腐败较量还在激烈进行，并呈现出一些新的阶段性特征，比如系统性腐败，形形色色的利益集团成伙作势、“围猎”腐蚀，腐败手段隐形变异、翻新升级等，对纪检监察机关提出新任务，客观上要求强化纪法思维，推进规范化法治化正规化建设，以解决纪检监察领域主要矛盾为着力点，以高质量履职引导督促全党完整准确全面贯彻新发展理念，促进高质量发展。

增强制度供给能力和质量。随着纪检监察体制改革不断深入，宏观改革之后的二次创新、多次创新等制度供给任务更为繁重、纪法融合贯通要求更高。推进纪检监察工作规范化法治化正规化建设，应当紧贴职责使命、任务内涵、理念思路、工作格局等制度体制要素的重塑性改革，从提升处理和解决纪检监察领域矛盾的立规立纪立法水平入手，强化纪法思维、纪法贯通，掌控供给方向、供给品格和供给质量，解决纪法制度建设中存在的主体多元、单体制度量大而分散、体系集成度低等问题，为开创正风肃纪反腐新篇章提供制度保障。

科学设定绩效评价标准。推进纪检监察工作规范化法治化正规化建设，设定绩效评价标准是一项重要任务和内容。实行工作绩效评价，是纪检监察机关践行正确政绩观的具体体现，应当贯穿于纪检监察工作全过程，尤其是告诫广大纪检监察干部不慕虚荣、不务虚功、不图虚名，统筹处理稳和进、立和破、标和本、近和远、虚和实、多与少等范畴关系，为纪检监察工作高质量发展提供科学的评价标准。

切实强化自身建设。纪检监察体制改革后，纪检监察工作深度融入国家治理领域，强化规范约束纪检监察权与增强权能效益同等重要，都应纳入纪检监察工作规范化法治化正规化建设格局。把政治建设和业务建设结合起来，把监督体系和治理体系对接起来，前提是加强自身建设。纪检监察机关应教育引导纪检监察干部深刻理解党的领导和依法治国、讲政治和讲法治的内在一致性，通过深化全员培训、强化实战历练等，努力在尊纪尊法、学纪学法、守纪守法、用纪用法上作好表率、当好模范。要牢牢把握纪严于法、纪在法前和纪法双施双守的要求，依规依纪依法开展工作，在纪法情理贯通融合中，实现政治效果、纪法效果、社会效果的最大化。

（原载《中国纪检监察》2022 年第 19 期）

图书在版编目（CIP）数据

纪检监察学研究三题/詹复亮著．--北京：中国方正出版社，2025.2．--ISBN 978-7-5174-1173-4

Ⅰ．D262.6

中国国家版本馆 CIP 数据核字第 2024WH6132 号

纪检监察学研究三题

JIJIANJIANCHAXUE YANJIU SANTI

詹复亮　著

责任编辑：安乐明
责任校对：周志娟
责任印制：李惠君

出版发行：中国方正出版社
（北京市西城区广安门南街甲 2 号　邮编：100053）
发行部：（010）66560933　门市部：（010）66562755
编辑部：（010）59594610　出版部：（010）59594625
网址：www.lianzheng.com.cn
经　　销：新华书店
印　　刷：北京中科印刷有限公司

开　　本：787 毫米×1092 毫米　1/32
印　　张：5.75
字　　数：73 千字
版　　次：2025 年 2 月第 1 版　2025 年 2 月北京第 1 次印刷

ISBN 978-7-5174-1173-4　定价：28.00 元

（本书如有印装质量问题，请与本社出版部联系退换）